Z ciemności…

Mary Kloska

En Route Books and Media, LLC

St. Louis, MO

En Route Books and Media, LLC
5705 Rhodes Avenue
St. Louis, MO 63109

Cover: Mary Kloska

ISBN-13: 978-1-952464-73-7
LCCN: 2021936165
Copyright © 2021 Mary Kloska

Teksty Pisma Świętego użyte w tym dziele są zaczerpnięte z Biblii Tysiąclecia, Wydawnictwo Pallotinum, Poznań 2021.

Wszelkie prawa zastrzeżone.
Żadna część tej książki nie może być powielana bez zgody autorki.
Opublikowana z błogosławieństwem kierownika duchowego autorki.

Objaśnienie dotyczące ikony z okładki

W mej Męki Pańskiej jest kilka rzeczy, które można ujrzeć sercem. Pierwszą z nich jest silna ikonie i żarliwa, a zarazem delikatna Miłość Jezusa. Wrażliwość Jego serca można dostrzec zarówno w oczach, jak i w ciele – całkowicie otwartym w Jego nagim opuszczeniu. Miłość Chrystusa jest delikatna, pokorna, a zarazem silna. Jest mocna w swej wierności, lecz jednocześnie łagodna, ponieważ z delikatnością szanuje wolność człowieka. Ciało Pana jest zbroczone krwią, gdyż Jego Krew jest największym skarbem i darem dla ludzkości. Krew Jezusa wzywa i zaprasza Jego dzieci do przyjścia i napicia się ze źródła Bożego Serca, z której wytryskuje miłosierdzie, przebaczenie, sprawiedliwość i prawda. Ciało Jezusa jest tak poranione, ponieważ został ubiczowany, aby swoje ukochane dzieci doprowadzić do wolności. W tę wielką noc Krzyża czarny mrok otacza Chrystusa z każdej strony; jednak, w całej tej ciemności, Jego Serce i Ciało Ukrzyżowane w Miłości są wielkim światłem dla świata oraz symbolem zwycięstwa Miłości poprzez Zmartwychwstanie. Krew Jezusa oświeca drogę dla serc, aby mogły odnaleźć pokój. Jest kluczem do otwarcia wszystkich ukrytych głęboko tajemnic; jest balsamem, który może uleczyć wszelkie zranione dusze. W tej ikonie

Z ciemności…

nie wszystko da się opisać słowami – Miłość Jezusa nie potrzebuje żadnych dodatkowych wyjaśnień. Można rzec, że ten obraz to rzeczywisty tytuł tej książki, bo za pomocą piękna objaśnia prawdę zawartych w niej słów. Treść zamieszczona w tej publikacji jest jednak znacznie głębsza niż same słowa lub nawet ta ikona – jej sens może być w pełni zrozumiany tylko poprzez Miłość. Modlę się więc, aby nasz Ojciec udzielił głębokiego daru Miłości w Duchu Świętym każdemu sercu, które zetknie się z tą ikoną i samą książką. Niech Boża Miłość rozpali w duszach ogień miłości, aby każda z nich zjednoczyła się z Jezusem poprzez ranę Jego Serca, którą On chce otworzyć przed nami w ciemności nocy. Niech Pan błogosławi was wszystkich w swojej Miłości. Amen.

19 grudnia, 2003

                Mary Elisabeth Kloska, Fiat +
                      Mała Żona Jezusa
                  w jedności z Nim, na Krzyżu

Historia powstania książki

W czasie Wielkiego Postu 2003 roku znalazłam się sama na placówce misyjnej w Kańsku, na Syberii. Mieszkałam wcześniej w rosyjskim Krasnojarsku (już od 18 miesięcy), gdy biskup naszej diecezji zdecydował, że wspólnota, w której służyłam, ma przejąć na stałe misję w Kańsku, ze skutkiem natychmiastowym. Siostra zakonna, z którą mieszkałam, postanowiła zostać jeszcze na krótko w Krasnojarsku (poza kilkoma krótkimi, nieplanowanymi wizytami), aby oddać nasze mieszkanie i zakończyć inne zobowiązania, które miałyśmy w tamtejszej parafii. Ustalono, że ja tymczasem przeniosę się do Kańska i będę na razie przebywała sama w mieszkaniu, które udostępniła nam tamtejsza parafia. Co się później okazało, nie byłam tam jednak sama, gdyż na czas tych samotnych miesięcy otrzymałam pozwolenie na przechowywanie Jezusa Eucharystycznego w kapliczce tegoż mieszkania. Niedaleko mieszkał pewien ksiądz, który przychodził, by odprawić Mszę świętą, a potem zostawiał mi Pana Jezusa... Ów kapłan nie mógł przechowywać Najświętszego Sakramentu w swoim mieszkaniu, ponieważ było ono wynajęte i nie byłoby to bezpieczne (biorąc pod uwagę aktualną sytuację w Rosji). Oznaczało to, że moje mieszkanie było jedynym miejscem,

Z ciemności…

w którym był obecny Najświętszy Sakrament – na przestrzeni 1000 km między Krasnojarskiem a Irkuckiem… To był wyjątkowy dar – obecność Pana i w dzień, i w nocy. Odbierałam to jednak też jako zobowiązanie, by uczynić moje życie jedną wielką modlitwą. Nie było to dla mnie tak trudne, jak mogłoby się wydawać, ponieważ wcześniej przebywałam już jakiś czas w amerykańskiej wspólnocie o charyzmacie pustelniczym i czułam się powołana do życia intensywną modlitwą. Spędzanie 7-10 godzin dziennie przed Panem nie było więc niczym nowym – nastąpiły już takie okresy w moim życiu, kiedy tak długie godziny modlitwy stanowiły dla mnie po prostu konieczność. Właśnie wtedy, w okresie błogosławionego Wielkiego Postu, gdy przebywałam sam na sam z Jezusem Eucharystycznym, otworzyła się przed moim sercem pierwsza część tej książki, którą teraz trzymacie w ręku. Napisałam ją właśnie podczas tych długich godzin spędzonych w Kańsku, z nadzieją, że pewnego dnia będę mogła przetłumaczyć ją dla Rosjan, których tak bardzo kocham. Wciąż mam tę nadzieję.

Moje zapiski zostały ostatecznie przekazane siostrze zakonnej we Włoszech, która przetłumaczyła je na język włoski na potrzeby corocznych rekolekcji wielkopostnych dla swoich współsióstr. Później mój rękopis „spoczywał w szufladzie", podczas gdy ja starałam się po prostu wcielać go w moje życie pustelnicy i misjonarki – tam, gdzie aktualnie przebywałam. Dopiero po wielu latach „uśpienia" Pan zachęcił mnie do podjęcia próby opublikowania mych wielkopostnych refleksji, aby te skarby, które otrzymałam wtedy podczas modlitwy, mogły być przekazane także i Wam.

Druga część tej książki została napisana podczas mojego 3-miesięcznego pobytu w ruinach pustelni na pustyni Tabernas w południowej Hiszpanii. Te refleksje powstały z zamiarem poprowadzenia czytelnika głębiej w zjednoczenie z wewnętrznymi myślami, uczuciami i doświadczeniami Jezusa podczas Jego Męki, Śmierci i Zmartwychwstania.

Mam nadzieję, że – gdy weźmiecie do ręki te słowa, używając ich jako pomocy podczas osobistych rekolekcji i rozważając je przed Najświętszym Sakramentem – poznacie w nowy sposób Miłość naszego Pana nie tylko swym umysłem, ale i duchem. Oby Wasze serca zostały tak dotknięte i przemienione, abyście Wy sami mogli upodobnić się do Niego.

13 stycznia, 2021

Z ciemności…

Ta książka jest poświęcona

Najświętszemu Sercu Jezusa, Sercu Eucharystycznemu –
Przebitemu przez ludzkie grzechy, zmiażdżonemu przez nasze przewinienia,
Ofiarowanemu jako doskonałe całopalenie Miłości, by zdobyć dla nas
Wieczne szczęście.

Jest także poświęcona
Jego Najświętszej Matce Bolesnej,
Która ze swoim „Bliźniaczym Fiat", zjednoczona ze swoim Synem na Kalwarii,
zmieniła całą gorycz w słodycz dzięki swojemu
Ufnemu Poddaniu się i Miłości.

Jezu, cichy i pokornego Serca oraz
Maryjo, Matko Bolesna i Panno Winnego Krzewu
– módlcie się za nami. +

Z ciemności...

Ta książka jest napisana z miłości do Jezusa, mojego Męża. Jest ona dedykowana i poświęcona Jego Krwi, Posłuszeństwu, Ukrzyżowanej Miłości i Radosnej Nadziei obecnej w Jego Męce, Śmierci i Zmartwychwstaniu; jest też dedykowana Jego Bolesnej Matce – mojej Matce.

Pisząc wstęp, nie chciałabym się za bardzo przedstawiać (kim jestem, gdzie mieszkam, co studiowałam itp.); zamiast tego wolę po prostu ukazać tą książkę taką, jaką jest ona w rzeczywistości – jako kolekcję skarbów, którymi Jezus zechciał się ze mną podzielić. Czyniąc to, mam nadzieję umiejętnie świadczyć o wielkiej mocy, jaką zawiera w sobie

Ta książka jest poświęcona

Krzyż Chrystusa. Moje serce drży jednak na myśl o tym, że oto moje życie wewnętrzne ma być ujawnione przed światem… Muszę jednak pamiętać, że mój Oblubieniec został ukrzyżowany nagi – ofiarując ludziom całego siebie. Możemy wyciągnąć ku Niemu ręce i dotknąć Jego nagich ran, aby poznać niezgłębioną otchłań Bożej Miłości, która jest w nich ukryta. A zatem, ja także muszę stać się „naga" duchowo razem z Nim, abyście wy mogli otrzymać Jego Miłość – w taki właśnie intymny sposób. Jezus daje mi bowiem wielkie dary do podziału z całym swoim Kościołem. Modlę się, aby to, kim ja jestem, nie odwróciło waszej uwagi od tego, kim On jest. On sam chce was do tego doprowadzić. Ja jestem tylko Jego małą żoną ukrzyżowaną wraz z Panem na Krzyżu. On jest wszystkim we mnie. Zgodnie z tym, co powiedział święty Paweł, muszę po prostu żyć tak, aby móc przyznać, że „już nie ja żyję, ale Chrystus (Ukrzyżowany) żyje we mnie". Modlę się, abyście mogli spotkać Go tutaj, na kartach tej książki. Amen. Alleluja. Fiat.

To nie są tylko słowa czy teoria, ale coś, co sama przeżyłam.

SPIS TREŚCI

CZĘŚĆ PIERWSZA

I Z ciemności 3
II Ciemność, bezruch i cisza 5
III Oto Ciało moje… 13
IV Cień Krzyża… 19
V Gwoździe 29
VI A Jezus milczał 35
VII Maleńkość i Krzyż 41
VIII Relacja małżeńska i Krzyż 51
IX Kalwaryjska Matka 57

CZĘŚĆ DRUGA

X Męka, Krzyż i Śmierć Pana Jezusa 65
XI Zmartwychwstanie Pana Jezusa 171
XII Litania Ufności 197
Świadectwa 203

CZĘŚĆ PIERWSZA

I

Z ciemności…

*„Którzy się PANA boją, zrozumieją Prawo,
a ich sprawiedliwość jak światło zabłyśnie."* (Syr 32,16)

Ten, kto boi się Pana, jest słaby tylko pozornie – we własnych oczach. Jego siła leży bowiem w słabości, gdyż właśnie tam zwycięża moc wielkiej Miłości Boga. Jeśli człowiek, jako mały i słaby, zwraca się do Ojca Niebieskiego z wielkim zaufaniem, z pewnością znajdzie u Niego pomoc we wszystkich swoich potrzebach. Ten, kto boi się Pana, jest pełen mądrości. Ma serce słuchające, które podąża za głosem i ręką prowadzącego go Ducha Świętego. Właśnie dzięki Duchowi, który w nim przebywa, człowiek jest w stanie znaleźć prostą drogę nawet pośród wielkich ciemności. Jezus jest naszym Panem, ale – co jest tajemnicą – w swoim człowieczeństwie sam zaufał swemu Panu. To o Nim pisze psalmista: *„Ale ja jestem nędzny i zbolały; niech pomoc Twoja, Boże, mnie strzeże! Pieśnią chcę chwalić imię Boga i dziękczynieniem Go wysławiać."* (Ps 69, 30-31). To właśnie w wielkiej miłości i zaufaniu Jezusa do Ojca, ukazanej ostatecznie w Jego poddaniu się w słabości Krzyża, można się przekonać o tym, że Bóg nigdy nie opuszcza tych dzieci, które uciekają się do Niego z ufnością i miłosną bojaźnią. To właśnie w ciemnościach Krzyża realizuje się plan zbawienia Ojca. To właśnie w Jezusowej pokornej słabości na Krzyżu, ofiarowanej Ojcu w Miłości, Bóg finalizuje wielki plan zwycięstwa nad grzechem i śmiercią. To właśnie z ciemności, niepewności i bólu Krzyża pochodzi nasze uzdrowienie, zbawienie i jasne Światło Miłości Jezusa. I w końcu – to właśnie z Jego śmierci otrzymujemy Życie. Zatem, gdy zjednoczymy się z Chrystusem w głębokiej, prawdziwie chrześcijańskiej Miłości, staniemy się jedno z Nim – w tym Jego ciemnym Miłowaniu... Wierna ręka Ojca wyciągnie nas z głębokości mrocznych i niepewnych przestrzeni naszego życia. Wyprowadzi nas z tych wszystkich momentów umierania, które przeżywamy w różnych aspektach naszej egzystencji, by wlać w nią swoje Życie. Potężna Ukrzyżowana i Zmartwychwstała Miłość wydźwignie nas z naszej słabości, jeśli tylko będzie ona w całości ofiarowana Ojcu. Oto nasza nadzieja i radość: z ciemności naszego życia Bóg wyprowadzi cudowny plan swojej Miłości. A przez to staniemy się podobni do Jego Syna Jezusa.

II

Ciemność, bezruch i cisza

„Od godziny szóstej mrok ogarnął całą ziemię, aż do godziny dziewiątej." (Mt 27,45)

Moment Ukrzyżowania jest chwilą, która głęboko dotyka każdego z nas. Jest to czas niezgłębionej Miłości Boga do nas oraz czas naszego zbawienia. Jest to chwila ciemności, bezruchu i głuchej ciszy – trzech rzeczy, od których ucieka nasz współczesny świat, często widząc w nich coś złego. A piękno ciemności Krzyża ukryte jest właśnie w zasłonie okrywającej tajemniczą Miłość naszego Zbawiciela – zarówno ludzką, jak i Boską, obecną w całej swojej pełni. Miłość, która przeprowadziła Chrystusa przez Mękę Krzyża, nie jest zrozumiała dla ludzkiego umysłu, ale jej sens może znaleźć zrozumienie w głębi ludzkiego serca, które jest otwarte przez wiarę.

Dlaczego cudowna Miłość Boga w Ukrzyżowaniu otoczona jest mrokiem i pustką? Chodzi o to, że ciemność oczyszcza nasze serca, czyniąc miejsce dla tego, co wzniosłe. Ciemność otwiera nas, pozwalając na obnażenie się bez wstydu. To właśnie w wewnętrznym mroku duszy (ciemności, która wypełnia umysł, emocje, pamięć i serce) Bóg jest w stanie rozebrać ludzkość z jej różnorodnych masek, aby zjednoczyć się z nią w głębokiej Miłości.

Dlaczego największy akt Bożej Miłości został zamknięty w bezruchu Krzyża? Bezruch jest także czymś, co współczesny ludzki umysł odrzuca, bo w naszym świecie praca i ruch są swoistymi bożkami. A jednak tylko w bezruchu jesteśmy zdolni do przyjęcia dzieła Bożej Miłości do naszych serc. Często to właśnie w „bezczynności" możemy usłyszeć Boga i napełnić się Jego pokojem. Nasze serca szukają spokoju pośród tego wiecznie biegnącego świata. Możemy znaleźć taki moment ciszy na przykład rano, gdy czekamy, aż zaparzy się kawa (jako zastrzyk energii do pracy i ruchu przez cały dzień) – to może być taki moment prostego bezruchu, w którym Bóg przyjdzie ze swoim pokojem. Właśnie w takich małych chwilach Jezus wyciąga do nas rękę z Krzyża, aby połączyć nas razem z Nim w prostej, cierpiącej Miłości. **Jezus nie mógł wiele *uczynić* na Krzyżu, ponieważ Jego ręce i nogi były przybite, ale to właśnie w tym wielkim akcie miłosnej ofiary zostaliśmy zbawieni. Albowiem to, co robimy, jest mniej ważne od tego, jak bardzo kochamy.** Zwykłe oczekiwanie na zaparzenie kawy – w miłości – może być więcej warte dla świata niż nakarmienie ubogich… bez miłości. Tę właśnie prawdę objawia nam bezruch Jezusa na Krzyżu.

Ciemność, bezruch i cisza

Również cisza jest czymś prawie nieobecnym w świecie pełnym komputerów, telewizji i radia. Cisza pozostawiłaby nas nieruchomymi i nagimi wobec samych siebie, dlatego unikamy jej jak choroby. A jeśli współczesny człowiek ucieka od ciszy fizycznej, to o ileż bardziej brakuje mu ciszy wewnętrznej... Prawdziwe milczenie nie dotyczy ust ani uszu, ale umysłu i serca. Prawdziwe milczenie jest pełne miłości, czyli wsłuchiwania się w słowa, pragnienia i Serce Umiłowanego.

Bóg decyduje się jednak na te trzy rzeczy, od których tak stroni nasz współczesny świat – ciemność, bezruch i ciszę – by w nich objawić nam największe tajemnice swojej Ukrzyżowanej Miłości. Na Krzyżu Pan posługuje się ciemnością, bezruchem i ciszą jako narzędziami, aby udzielić nam największego Światła, dokonać największego Dzieła i wypowiedzieć Słowo, które rozbrzmiewało w umysłach i sercach ludzi przez wszystkie pokolenia. *„Którzy się Pana boją, zrozumieją Prawo, a ich sprawiedliwość jak światło zabłyśnie..."* (Syr 32, 16).

Bóg zawsze działał w ten sposób. U zmierzchu życia Abrahama Pan był w stanie zapoczątkować wielki naród – tak liczny, jak gwiazdy na niebie. W chwili, gdy Izaak miał zostać złożony w ofierze – przez posłuszeństwo swego ojca – Bóg posłał anioła, aby go uratować. Na odległej pustyni, kiedy Jakub spał wsparty o kamień, Pan przyszedł i przemówił do niego, obiecując mu liczne potomstwo. I dopiero gdy anioł zmagał się z Jakubem, raniąc go w biodro, otrzymał on swoje błogosławieństwo. Józef został sprzedany w niewolę, ale Bóg wydobył go z głębokiej więziennej celi, by stał się wielkim pomocnikiem faraona i wybawicielem swojej rodziny. Po latach niewoli w Egipcie, Bóg uratował swój lud, ocalając Mojżesza od śmierci i powołując go, aby poprowadził Izraelitów do Ziemi Obiecanej. Na pustyni Bóg rozdzielił Morze Czerwone, aby uratować swój lud; potem wydobył wodę ze skały i dał chleb z nieba. Samuel trzy razy w nocy słyszał Boga, który go wołał po imieniu. Jonasz usłyszał Boże słowa we wnętrznościach wielkiej ryby. Daniel został rzucony lwom, lecz ani jedna część jego ciała nie została uszkodzona, a wszyscy ludzie chwalili Jedynego Prawdziwego Boga z powodu Jego wierności podczas tamtej nocy. W czasie ciemnej nocy wiary, którą doświadczył także święty Józef, mąż Maryi, Bóg objawił mu (we śnie) swój wielki plan. Ten Boży mąż dwukrotnie został ostrzeżony przez sen, w nocy, aby udał się do Egiptu, a potem powrócił do Nazaretu; wszystko to odbyło się po to, by Dzieciątko Jezus było bezpieczne. To właśnie w nocy, w bezruchu i w ciszy, Bóg przemawiał do swojego ludu i wybawiał go z niebezpieczeństw. Jezus, podczas ciemnej nocy Krzyża, ofiarował swe Życie dla całej ludzkości. Tak właśnie działa Bóg w misterium Zbawienia. I tak czyni także dzisiaj w życiu każdego z nas.

To prawda: Bóg, jako Osoba, Ojciec, Syn, Duch, Oblubieniec, Pasterz, Mądrość nieustannie działa – dążąc i dzisiaj do głębokiej relacji z każdym z nas, Jego umiłowanych

Ciemność, bezruch i cisza

dzieci. Boże pragnienie miłości ze strony stworzenia jest widoczne w naszym życiu w tych wszystkich trudnych doświadczeniach związanych z ciemnością, bezruchem i ciszą. Właśnie wtedy Bóg stara się zdjąć z nas maski stworzonego dla siebie wizerunku, pozorów i naszych własnych wyobrażeń, aby przemienić nas w żywe obrazy Ukrzyżowanej Miłości Jego Syna. Dlaczego Ukrzyżowanie jest tak niezwykłe? Ponieważ jest to naga prawda o najczystszej z bezinteresownych miłości. Ukrzyżowanie było bardzo potrzebne, by nas obudzić, otworzyć, uzdrowić oraz wzmocnić. Męka Jezusa prowadzi nas do Boga i dlatego jest środkiem, dzięki któremu odzyskujemy pokój, radość i nadzieję. We Krwi Jezusa możemy odnaleźć prawdziwy pokój. *„Zechciał bowiem [Bóg], aby w Nim zamieszkała cała Pełnia, i aby przez Niego znów pojednać wszystko z sobą: przez Niego – i to, co na ziemi, i to, co w niebiosach, wprowadziwszy pokój przez krew Jego krzyża"* (Kol 1, 19-20). Do tego właśnie prowadzi Krzyż: jest to Miłość tak czysta, że może obdarzyć nas wielkim pokojem. Ponadto, daje nam możliwość odnalezienia tego pokoju w naszych małych codziennych krzyżach, którymi dzielimy się z Panem w Jego ukrzyżowaniu.

Ciemność Kalwarii nadaje sens Światłu Zmartwychwstania. Ukazuje siłę Miłości Miłosiernej. Nie możemy żyć tylko Zmartwychwstaniem, bo nasze serca nie są jeszcze ani wystarczająco dojrzałe, ani otwarte, aby przyjąć ten dar. Zmartwychwstanie dzieje się nawet obecnie – wokół nas, ale nie można go w pełni doświadczyć, dopóki nie przyjmiemy pocałunku Ukrzyżowanego Zbawiciela oraz ciemności, bezruchu i ciszy w naszym życiu. To właśnie tutaj, w głębi ciemnego, nieruchomego Serca Jezusa na Krzyżu, zostajemy na tyle oczyszczeni i ogołoceni, aby przyjąć Jego Miłość. To właśnie na Krzyżu jest On w stanie dać swoją siłę, aby nas wypełnić. Powinniśmy zawsze starać się widzieć zarówno tajemnicę Ukrzyżowania, jak i Zmartwychwstania w naszym życiu. Bez Zmartwychwstania nie ma nadziei. Ale bez Krzyża nie ma Miłości. Musimy przeżywać Ukrzyżowanie razem z Jezusem w tych drobiazgach, które On nam ofiarowuje każdego dnia, ale także – przeżywać z Nim Jego Zmartwychwstałą Miłość. W ten sposób będziemy żywym obrazem Zbawiciela oraz Jego Serca, obecnego w świecie. Wtedy odkryjemy zjednoczenie z Nim, a dzięki temu – przeobrazimy się w Jego Miłość już tu na ziemi.

Miłość jest istotną rzeczą, którą zagubił ten świat. Prawdziwa Miłość oznacza śmierć dla siebie ze względu na Umiłowanego i Jego obecność w innych. Miłość jest służbą wyrażaną w uważnej wrażliwości na potrzeby Jezusa w naszych bliźnich. Kochać to pozwolić, aby Boża Miłość żyła w nas – co oznacza doskonałe przebaczenie, posłuszeństwo, ubóstwo, czystość oraz doskonałe „fiat". Mówiąc „doskonałe", mam na myśli sposób, w jaki Ojciec chciał, abyśmy żyli Jego Miłością. Każdy człowiek jest wezwany do tego, aby pozwolić Mu wniknąć w siebie, aby potem móc tak żyć. Ten rodzaj Miłości – pochodzącej od Jezusa

Ciemność, bezruch i cisza

Ukrzyżowanego i Zmartwychwstałego – jest kochaniem wykraczającym poza umieranie. Jest to Miłość, która zwycięża śmierć i niesie nas dalej, abyśmy żyli już razem z naszym Panem w Jego Królestwie Niebieskim.

III

Oto Ciało moje...

W noc przed swą śmiercią Jezus ofiarował nam dar z samego siebie w Eucharystii. Powiedział: „*«To jest Ciało moje, które za was będzie wydane: to czyńcie na moją pamiątkę!» Tak samo i kielich po wieczerzy, mówiąc: «Ten kielich to Nowe Przymierze we Krwi mojej, która za was będzie wylana.»*" (Łk 22, 19b-20). Jak pokazują te słowa, istnieje głęboki związek między Eucharystią a Krzyżem. Dar Ciała i Krwi, Duszy i Bóstwa Jezusa w Eucharystii jest darem Jego Ukrzyżowanego Serca. To Serce jest prawdziwe. I na Ołtarzu i na Krzyżu Jezus daje nam dar swojego Ciała. Jego Ciało i Dusza zostały nie tylko ukrzyżowane za nasze grzechy i dla naszego zbawienia oraz jako ofiara za nas dla Ojca, ale zostały dane również jako dar, który Jezus ofiarował z samego siebie dla nas. Zbawiciel oddał zatem swoje Ciało na Krzyżu jako swoisty „podarunek". Jego zjednoczenie z nami na Krzyżu i w Eucharystii ma więc podwójny charakter. Po pierwsze, Chrystus bierze na siebie nasze cierpienia i w tym jesteśmy z Nim zjednoczeni. Po drugie, Zbawiciel ofiarowuje się na Krzyżu w małżeńskim akcie Miłości. To właśnie tę ofiarę z Krzyża przyjmujemy w Eucharystii. Jezus – otwarty, bezbronny, słaby i nagi – mówi do każdego z nas: „Oto Ciało moje – przyjmij mnie i bądźmy jedno. Oto Krew moja, wylana w ofierze za ciebie i dla ciebie". W Eucharystii otrzymujemy miłość małżeńską Jezusa w darze Jego Ciała. A jako prawdziwy Oblubieniec naszych serc, Zbawiciel ofiarowuje nam nie tylko swoje Ciało na Krzyżu i w Eucharystii, ale także swoją Duszę, czyli całego siebie. Chrystus bardzo cierpiał duchowo (Jego wewnętrzne udręki były bardziej bolesne niż te zewnętrzne), a to wszystko z miłości do nas oraz po to, by stać się dla nas darem. W Ogrójcu Jezus powiedział: *„Smutna jest moja dusza aż do śmierci"* (Mt 26, 38). A z krzyża zawołał: *„Eli, Eli, lema sabachthani, co znaczy: Boże mój, Boże mój, czemuś Mnie opuścił?"* (Mt 27, 46). Te słowa odsłaniają w niewielkiej części tajemnicę wewnętrznej udręki, jaką Jezus doświadczył na Krzyżu. Ofiarował wszystko: swoje Ciało, Serce, Duszę, ludzkie uczucia jako ofiarę dla naszego odkupienia. I to właśnie w tych wewnętrznych cierpieniach Chrystus zjednoczył się z naszymi sercami oraz ukrytymi tam głębokimi cierpieniami i zranieniami. To na Krzyżu i w Eucharystii Serce spotyka serce, Rana spotyka ranę, Jezusowy Dar łączy się z naszym darem dla Niego, a my razem z Nim stajemy się darem dla świata. Albowiem miłość to dialog, który zawsze składa się z pytań i odpowiedzi. Najlepszym tego przykładem jest Trójca Święta, która jest Miłością. Ojciec kocha Syna, a Syn odpowiada – kochając

Ojca. Miłość, która „dialoguje" między nimi, to Duch Święty. Gdy dwoje ludzi kocha się nawzajem, miłość staje się widzialna: jedna osoba mówi, druga słucha, a następnie odpowiada. Jeden człowiek robi coś miłego, a drugi to przyjmuje i w zamian ofiarowuje inny życzliwy gest. Miłość żyje, tworzy, przemawia. Tak samo dzieje się z Eucharystyczną ukrzyżowaną Miłością Jezusa. On ofiarowuje nam swoje Ciało, a my powinniśmy je przyjąć i odpowiedzieć Mu tym samym – ofiarowując nasze ciało. W ten sposób Miłość tworzy komunię. Trójca Święta jest jednością w Miłości i Jezus wzywa nas, abyśmy uczestniczyli w tej Miłości razem z Nim. Mówi: *„To jest Ciało moje"* i oddaje się całkowicie za nas na Krzyżu i w Eucharystii. Daje nam swoje Rany jako miejsce naszego odpoczynku. Ofiarowuje nam swoje Serce jako miejsce naszego życia. Zbawiciel cierpi wewnętrzne ogołocenie ze względu na nas i wzywa do tego, abyśmy – odpowiadając na Jego Miłość i przyjmując Go do siebie – zjednoczyli się z Nim w Miłości i ofiarowywali się razem z Nim.

Na Krzyżu Jezus był nagi. Jest to fakt, który wielu ludzi boi się uznać, jakby obawiając się, że nagość mogłaby ukazać naszego Zbawiciela jako „nieczystego". A przecież czystość nie polega na byciu ubranym, gdyż czystość to obecność Boga w sercu. Małe dzieci rodzą się czyste i nagie – nietknięte przez to wszystko, co nie pochodzi od Stwórcy. Jezus na Krzyżu był tak czysty jak małe, nagie dziecko, ponieważ był pełen obecności Boga – sam był Bogiem. Chrystus był nagi nie tylko w swoim ciele, ale i w sercu. I takim spotykamy Go również w Eucharystii – jako nagi, czyli czysty dar Miłości. Nagość Jezusa jest znakiem Jego bezbronności w Miłości. Miłość Zbawiciela do nas jest tak wielka, że był On gotów oddać i odsłonić wszystko. Okrycie na Jego ciele lub Sercu tylko oddzielałyby nas od Niego. Na Krzyżu Jezus odsłania nam całego siebie i mówi: „To jest Ciało moje, to jest Krew moja, to jest Serce moje i Dusza moja – weź je i przyjmij mnie w siebie. Chcę być jedno z tobą". Widzimy tu najdoskonalszy akt Miłości Małżeńskiej. Tak jak mąż i żona pragną oddać się sobie nawzajem – zewnętrznie i wewnętrznie – tak i Jezus pragnął oddać się nam na Krzyżu w tak doskonałej Miłości Małżeńskiej, że ludzka miłość jest tylko cieniem tej Rzeczywistości. Tak jak mąż i żona są czyści w swej nagości odkrytej przed sobą nawzajem (pełni czystej miłości i pragnienia, by bezinteresownie oddać samych siebie), tak również Jezus był czysty w swym nagim akcie ukrzyżowanej Miłości Małżeńskiej. A zatem, kiedy przyjmujemy Pana w Eucharystii, On wzywa nas do przyjęcia tego daru – pokornej słabości i uniżenia Jego Ciała pod postacią chleba i wina, abyśmy mieli siłę do oddawania Mu siebie samych w naszej małej, nagiej słabości. Jezus wie, że potrzebujemy Jego Ciała. Potrzebujemy Go do życia, zbawienia, uzdrowienia, pokoju i Miłości. Chrystus jest świadomy także tego, iż nasza duma, strach czy chęć obrony sprawiają, że często nie chcemy, aby Jego Ciało dotknęło naszego ciała, szczególnie z powodu naszych zranień. Dlatego Pan sam staje się zraniony z naszego powodu, aby nas wezwać, otworzyć, uzdrowić i zjednoczyć z Sobą.

Trudno jest nie odpowiedzieć na prawdziwą Miłość. Ludzkie serce zostało tak stworzone, aby odpowiadać na Miłość swego Stwórcy. Zatem, trudno jest doświadczyć ogromu Miłości i jednocześnie nie dać się jej dotknąć. Zwłaszcza wtedy, gdy ta Miłość jest zjednoczona z naszym człowieczeństwem, pozostając zarazem Boską w swej naturze. Ukrzyżowany Chrystus, ofiarowujący się nam w szczególny sposób w Eucharystii, ogarnia nas potężnie swą Miłością, abyśmy i my odpowiedzieli otwarciem siebie, naszych ran i grzechów na Jego uzdrawiającą Miłość.

Rany Jezusa i Jego Krzyż mówią nam o Zmartwychwstaniu, ponieważ w tych przerażających ciemnościach Pan nadal miał wiarę i nadzieję. Jego rany dają życie, gdyż są ranami zmartwychwstałymi. Właśnie dlatego, kiedy jednoczymy się w naszym życiu z Jezusem Ukrzyżowanym i Eucharystycznym, będziemy napełniani mocą nowego życia oraz wiarą, nadzieją i Jego radosną, zmartwychwstałą Miłością.

IV

Cień Krzyża…

Sądzę, że nie ma gorszego uczucia niż strach, zwłaszcza gdy nie posiadamy żadnych mechanizmów obronnych. Istnieje taki strach, nad którym możemy zapanować – na przykład poprzez uzmysłowienie sobie, że nie ma powodu do lęku. Jest też strach, który można przezwyciężyć wiarą i modlitwą. Istnieje jednak jeszcze inny rodzaj lęku, który czasem ogarnia człowieka bez powodu. Mimo, że wola stara się zaufać i wierzyć w Bożą Miłość i ochronę, to jednak strach wydaje się tym bardziej ogarniać nasze emocje. Ten rodzaj lęku graniczy ze złem, ponieważ jest wielką pokusą diabła, aby stracić wiarę, nadzieję i zaufanie do Boga. Właśnie ten rodzaj lęku, który przychodzi w głębokiej ciemności i przepełnia sobą ludzki rozum, jest tym lękiem, który Jezus odczuwał w swoim Sercu na Krzyżu. Mimo, iż nasz Pan w pełni przyjął ten kielich, który podał Mu Ojciec, strach nadal towarzyszył Jego duszy. W ogrodzie Getsemani, Jezus modlił się o łaskę: *„Wtedy rzekł do nich: «Smutna jest moja dusza aż do śmierci; zostańcie tu i czuwajcie ze Mną!» I odszedłszy nieco dalej, upadł na twarz i modlił się tymi słowami: «Ojcze* *mój, jeśli to możliwe, niech Mnie ominie ten kielich! Wszakże nie jak Ja chcę, ale jak Ty»"* (Mt 26, 38-39). Święty Łukasz relacjonuje: *„Pogrążony w udręce jeszcze usilniej się modlił, a Jego pot był jak gęste krople krwi, sączące się na ziemię"* (Łk 22, 44). Doświadczenie takiego lęku jest z pewnością przerażającym doświadczeniem, choć zazwyczaj obecność kogoś bliskiego pomaga rozproszyć to mroczne uczucie. Niestety, gdy Jezus trzykrotnie wracał do uczniów w czasie swej trudnej modlitwy, zastawał ich śpiących. Zbawiciel z pewnością czuł się niezwykle samotny w swoim cierpieniu. Nie tylko w Ogrójcu, ale także na Krzyżu Jezus przecierpiał cały ów paraliżujący strach w samotności. Tak, to prawda, że Ojciec posłał anioła, aby Go pocieszył w Ogrójcu oraz że Jego Matka, parę kobiet i umiłowany uczeń stali pod Krzyżem – te wszystkie osoby z pewnością niosły Mu wielką pociechę. Skoro jednak Jezus prawdziwie wziął na Siebie wszystkie grzechy, cierpienia, strach, pokusy i samotność ludzkości, to w swoim ciele, emocjach i umyśle musiał czuć się rzeczywiście opuszczony. Nawet jeśli kochający Go ludzie byli przy Nim obecni, to ciemność uniemożliwiała Mu przyjmowanie od nich miłości. Złożył ją w ofierze, biorąc na siebie nasz grzech i cierpienie. W ten sposób Zbawiciel był w stanie zjednoczyć się z tymi, którzy czują się najbardziej opuszczonymi na tej ziemi. Jezus wierzył w miłość, która Go otaczała, ale tej miłości nie mógł doświadczyć swoimi zmysłami. Szatan mógł kusić Chrystusa w pełni poprzez Jego umysł, emocje i ciało. Ciemność dostała przyzwolenie na pochłonięcie Syna Bożego... Ta głębia cierpienia jest tajemnicą Jego Miłości.

Strach jest potęgowany również przez ciemność. Św. Łukasz pisze: *„Było już około godziny szóstej i mrok ogarnął całą ziemię aż do godziny dziewiątej"* (Łk 23, 44). Ciemność nie tylko okryła Jezusa fizycznie, ale także psychicznie i emocjonalnie, gdyż był opuszczony i kuszony. Ogarnęła Go także głęboka ciemność duchowa, gdyż mogło się wydawać, że także i Bóg się ukrył... Krzyż był godziną najciemniejszej nocy. Jezus został pozostawiony samemu sobie, aby wytrwać dzięki niedostrzegalnej Miłości Ojca, w którą wiernie wierzył i której był posłuszny. Święty Jan napisał, że *„doskonała miłość usuwa lęk"* (1J 4, 18). Tak jest i z sercem. Jeśli serce wierzy i jest otwarte na przyjęcie Bożej Miłości, to taka Miłość uwalnia i niejako rozplątuje więzy lęku w głębi duszy. Niestety, szatan nadal może dręczyć ludzkie emocje czy rozum, poprzez zsyłane ciemności i poczucie strachu. Kusiciel nie może dotknąć serca, gdzie króluje Boża Miłość, ale jest w stanie nękać inne sfery ludzkiej natury, jeśli Bóg na to dozwoli. To jest właśnie to doświadczenie, którego Jezus doznał w czasie swej Męki. Wziął na siebie wszystkie nasze cierpienia, w tym także ciemną noc naszych lęków. Z chwilą gdy Chrystus przyjął na siebie nasze grzechy, pozwolił też na to, by Jego oczy zostały niejako zaślepione i nie widziały Miłości Ojca – a to już było dla Niego prawdziwą torturą. Gdy mówimy, że Pan wziął na siebie nasze rany, to chodzi o te rany serca, które czynią je niezdolnym do przyjęcia pełni

Bożej Miłości – Miłości, która jest w stanie usunąć wszelki lęk (nawet jeśli Chrystus w tym samym czasie pozostawał zjednoczony z Bogiem Ojcem, przyjmując Jego wolę przez swoje „fiat"). Jakież okrutne męki przeżywało Jego Ukrzyżowane Serce, wypijając kielich naszych lęków do samego dna! Jak bardzo musiał szatan torturować Jego samotne Serce!

Jezus, w wielkiej czystości swej Duszy, cierpiał z powodu ciemności, grzechu i strachu bardziej, niż moglibyśmy to sobie wyobrazić. Choć był mężczyzną, miał w sobie ducha małego dziecka, bo Jego Serce było tak czyste i wrażliwe, że bardzo głęboko odczuwało wszystkie emocje, sytuacje i relacje międzyludzkie. Jego Serce było też jednak zdolne do poddania się wszystkiemu i „wypicia kielicha" aż do samego dna, a więc także do przyjęcia zła, które strawiło na Krzyżu Jego samego – zamiast dotknąć nas. Serce Jezusa było tak czyste, że aż bezbronne. Ukrzyżowany Zbawiciel otworzył się w swej bezbronnej Miłości całkowicie, aby w pełni zrealizować wolę Ojca i przygarnąć do siebie całą ludzkość. Jednak właśnie ta otwartość spowodowała, że dramat Jego Krzyża był jeszcze większy, gdyż Chrystus nie miał nic na obronę przed swym strachem. Nie posiadał żadnego widocznego oparcia, z wyjątkiem gwoździ przybijających go do Krzyża.

Nie ma nic równie przerażającego, jak być nagim w doświadczeniu strachu. Gdy człowiek się boi, to wykonuje automatyczny odruch, by się czymś zakryć, obronić lub gdzieś schować. Kiedy dziecko się czegoś przestraszy, to często szybko zakłada coś na swoją głowę. A Jezus, dręczony przez paraliżujący strach, wisiał na Krzyżu nagi, z otwartymi ranami – na oczach całego świata. Był bezbronny, ale w tym właśnie okazał swoją głęboką Miłość. Nie ukrył się ani nie próbował bronić. W swoim doświadczeniu lęku Zbawiciel zgodził się na zupełne otwarcie i odsłonięcie przed światem – ze względu na Miłość. Chrystus pozostał wierny aż do końca, wierząc w głębi swego serca, że Miłość Ojca przeniesie Go przez cały dramat Krzyża. To jest właśnie Miłość Ukrzyżowana, czyli gotowość wzięcia na siebie całej grozy zła, by tylko uwolnić ukochaną osobę (którą jesteś ty, ja i cała ludzkość) i powierzyć ją Odwiecznej Miłości Ojca. Jezus nie uciekł przed cierpieniem. Jak widać w Ewangelii, wyszedł mu naprzeciw i przyjął je jako cenny dar, aby zbawić świat. Powiedział w Ogrójcu: *„Czyż nie mam pić kielicha, który Mi podał Ojciec?"* (J 18, 11). Następnie *„Jezus, wiedząc o wszystkim, co miało na Niego przyjść, wyszedł naprzeciw i rzekł do nich: «Kogo szukacie?»"* (J 18, 4). Jesteśmy niegodni tak wielkiej Miłości, która wybiega naprzód, aby nas zbawić. A Miłość Zbawiciela, jak widzimy w tym fragmencie, posunęła się aż tak daleko...

Opuszczenie, jakiego doznawał Jezus w Męce Krzyżowej, musiało jeszcze bardziej spotęgować Jego ból. Niełatwo jest przecież samemu cierpieć, a o ileż trudniej jest doświadczać bólu z jednoczesnym poczuciem opuszczenia. Jezus zawołał z Krzyża: *„Boże mój, Boże mój, czemuś mnie opuścił?"*. Nawet dobry Ojciec w Niebie wydawał się zostawić Go samego w tej najciemniejszej godzinie. Chrystus doświadczał samotności w lęku i przeszywającym bólu. A jednak do końca wierzył i nie przestał kochać. Przez całe swoje życie Jezus zważał na wolę Ojca, więc mógł rozpoznać dokładnie ten moment, w którym wypełniło się wszystko. W tamtej chwili powiedział: *„Wykonało się"*. I oddał swego ducha Ojcu.

Matka Boża stała wiernie u stóp Krzyża, choć Jezusowi musiało być trudno spoglądać na Nią z powodu krwi zalewającej Jego oczy. Wierzył jednak Jej miłości. Widok Matki pogrążonej w bólu z pewnością powiększał jeszcze bardziej Jego własne cierpienia. Zaś poczucie niemożności udzielenia jej pocieszenia (z wysokości Krzyża) musiało rozdzierać Jego serce. Święty Jan napisał: *„Kiedy więc Jezus ujrzał Matkę i stojącego obok Niej ucznia, którego miłował, rzekł do Matki: «Niewiasto, oto syn Twój». Następnie rzekł do ucznia: «Oto Matka twoja»"* (J 19, 26). W tych krótkich chwilach, kiedy Jezus był w stanie popatrzeć na swoją Matkę, musiał doznawać wielkiego pocieszenia za sprawą Jej obecności. Mimo to, w tych momentach, gdy widział pociechę w spojrzeniu i miłości Maryi, nie zachowywał Jej miłości tylko dla siebie. Oddawał tą swoją pociechę nam - jako najcenniejszy dar. Oddał nam przecież swoją Matkę. Jakże cudowną miłością jest Miłość Ukrzyżowana...

Cierpienia Męki Krzyżowej, zarówno fizyczne, jak i duchowe, należały do tych najboleśniejszych, ponieważ miały prowadzić do śmierci. Kiedy człowiek ma zranione

Cień Krzyża…

ciało lub serce, od razu w naturalny sposób rozpoczyna staranie o ich uleczenie. Wtedy ból ciała, który jest tak bardzo wyczuwalny na początku, zazwyczaj ustępuje po kilku dniach lub tygodniach, zanikając w miarę jak nasz organizm przystosowuje się do niego i podejmuje wysiłek, by go zwalczyć. Nawet gdy zranione jest nasze serce, z czasem potrafimy dostrzec okruch dobra w osobie, która zadała nam ból, albo dostajemy łaskę, która sprawia, że po pierwszym ciosie łatwiej jest nam w końcu znieść cały doznany ból. Jednak cierpienie Jezusa w czasie Męki Krzyżowej było inne. Nie wiadomo, czy Chrystus był świadomy tego, że będzie cierpiał na Krzyżu przez trzy godziny czy po prostu przeżywał to cierpienie jako nie mające końca. Tak czy inaczej, nie miał możliwości odliczania upływających minut, lecz po prostu musiał wypijać po kolei każdą kroplę ze swojego kielicha męki. A Jego cierpienie odnawiało się w każdej minucie. Gdy jeden ból odchodził, nadchodził inny – nowy w każdej nowej chwili – zarówno wewnętrzny, jak i zewnętrzny. Kiedy czytamy o cierpieniach fizycznych, jakie doznawano na krzyżu, dowiadujemy się, że ciało wiszącego tam człowieka – z minuty na minutę – poddawane było coraz to nowym boleściom, prowadzącym nieuchronnie do śmierci. A do wciąż odnawiającego się fizycznego cierpienia Jezusa dołączał się jeszcze przeszywający Jego Serce i duszę ból spowodowany nagością, opuszczeniem, rozczarowaniem, zdradą, zniewagami, niezrozumieniem przez innych, ciemnością, pokusami i oddzieleniem od Ojca.

Z ciemności…

Męka Zbawiciela odnawiała się raz po raz i wydawała się nie mieć końca. Trzy godziny agonii na Krzyżu to bardzo długi czas, zwłaszcza, że Jezus wisiał wpatrzony w ten ciemny świat, który odrzucał właśnie Jego Miłość. Zbawiciel przyjął jednak to wszystko w pełni, bez buntu, w posłuszeństwie Ojcu, z Miłości do Niego i do nas.

Gdy Jezus chce podzielić się z nami cząstkami tego cierpienia, powinniśmy znaleźć pocieszenie w tym, że możemy przeżywać je razem z Nim – naszym osamotnionym, odepchniętym, ukrzyżowanym Panem. Gdy cierpimy w łączności ze Zbawicielem, gasimy Jego pragnienie miłości. Wszystko, co musimy zrobić, to powiedzieć „fiat" z głębi naszych serc – „fiat" na pocałunek rany Jego Serca w naszej ciemności, opuszczeniu i strachu, który czasami wydaje się ogarniać całe nasze życie. W tych trudnych chwilach musimy znaleźć swoje pocieszenie w Jezusie. On bowiem przecierpiał to wszystko sam, abyśmy my nigdy nie musieli być sami w naszym cierpieniu. Jego samotność daje nam siłę i pociechę, która płynie z pewności, że w naszym strachu i bólu jest obecny Zbawiciel.

O Jezu, naucz nas kochać tak jak Ty. To jest wszystko, o co możemy prosić. Pomóż nam być wiernymi w miłości, tak jak Ty byłeś. Niech nasze życie ociera Twoje krwawe łzy. Niech nasze małe „fiat" skierowane do Ciebie będzie czułym pocałunkiem złożonym na Twoim Sercu, ukrzyżowanym i otwartym w Miłości. Jezu, chcemy Cię kochać. Potrzebujemy Cię kochać, szczególnie w Twej Ukrzyżowanej

Cień Krzyża…

Miłości, kiedy to niebo nad nami i ziemia pod nami zdawały się pozostawiać Ciebie zupełnie samego w Twojej wielkiej bolesnej nocy. Dopomóż nam Panie, aby nasze życie stawało się odpowiedzią miłości na Twoją Miłość. Prosimy, poślij Ducha Świętego, aby rozpalił nas Twoją Miłością oraz ufnością i wierną nadzieją płynącą z Krzyża, abyśmy pośród naszych cierpień – wraz z Tobą, ukrzyżowanym Panem – odwracali wzrok od tego świata, który szybko przemija, a zwracali się ku wielkiej radości życia wiecznego z Tobą, w Twoim Zmartwychwstaniu. Amen.

V

Gwoździe

Czym są gwoździe w dłoniach i stopach Jezusa? To metal wbity w ludzkie ciało. A co z gwoździami przeszywającymi Jego Serce i przybijające je do Krzyża? Te gwoździe nie były widoczne, a przecież były równie (jeśli nie bardziej) bolesne. Gwoździe są mocnymi narzędziami, ale tylko wtedy, gdy używają je ludzie; są skuteczne tylko wtedy, gdy człowiek działa na nie siłą swojego uderzenia. Gwoździe to bardzo realne, groźne instrumenty i takie też były te gwoździe, którymi przybito Jezusa do Krzyża. Były one wyjątkowo duże i sprawiały Mu konkretny ból. Krzyż, Ukrzyżowanie, Męka – to nie są jedynie abstrakcyjne idee, z których korzystamy, gdy chcemy poprowadzić udaną medytację. Nie, ból Jezusa był realny – tak, jak konkretne były gwoździe w Jego dłoniach i stopach oraz tak, jak konkretne są okruchy Jego męki, które spadają na nasze życie pod postaciami konkretnych sytuacji, osób, słów i cierpień. Ból w Sercu Jezusa, czyli „gwoździe", które przebiły Jego Miłość, były bardzo realne, nawet jeśli niewidzialne. Gwoździe, które ukrzyżowały Jego Miłość do nas, były grzesznymi słowami i czynami popełnionymi przez człowieka przeciwko Synowi Bożemu i Jego Ojcu. Były rzeczywistym odrzuceniem i opuszczeniem Stwórcy. Były realną ciemnością, zamętem i pokusą, które ogarnęły Jezusa na Krzyżu. Te gwoździe były bardziej bolesne niż te fizyczne, które przebiły Jego dłonie i stopy, gdyż siła, która wbiła je w Jego ciało, pochodziła od żołnierza z młotem w ręce. Siłą, która wbiła gwoździe w Serce Zbawiciela, był grzech Jego umiłowanego ludu oraz rozpętane nad Nim moce piekła.

Jezus chce dzielić się z nami swoim Krzyżem. Jest on cennym darem Jego Miłości, ponieważ pogłębia w naszych sercach pragnienie Jego obecności. My - słabi, mali ludzie - nie umielibyśmy sami wytrwać na Krzyżu. A jednak to właśnie na Nim możemy prawdziwie spotkać się z Miłością, pochylającą się nad nami w wielkim miłosierdziu i wyciągającą ku nam ukrzyżowane ręce - gotowe, by nieść, przebaczać, uzdrawiać i zbawiać. Krzyż to nie zabawa. I nasze krzyże nie są zabawne. Są one jednak tym łożem, na którym rodzi się prawdziwa, czysta Miłość. Dają one naszym sercom szansę na doskonalenie się w Miłości - Miłości ogołoconej z siebie, szukającej dobra bliźnich (nawet tych, którzy nas krzyżują). Taką właśnie Miłość Jezus ofiarował żołnierzowi, który przebił włócznią Jego bok, jak również tym ludziom, którzy swym grzechem przebili Jego Serce. Jezus zawsze czynił dobro tym, którzy popełniali zło. Zawsze obdarzał życzliwością. Zawsze okazywał miłosierdzie.

Gwoździe

W naszym życiu Jezus spotyka nas poprzez Krzyż. Pan nie umarł po to, by uwolnić nas od cierpienia. Nie, On za bardzo nas kochał. Miłość dąży do zjednoczenia z ukochaną osobą. Zatem, aby doskonały Człowiek-Bóg mógł nas zjednoczyć ze sobą, musiał pozwolić nam na bycie wolnymi, abyśmy sami zapragnęli kochać. Bóg nie chciał, aby Jego stworzenia były robotami. On chciał, abyśmy mieli serca, które będą w stanie dzielić się nowym życiem i miłością. To dlatego uczynił nas wolnymi. Niestety, ludzie nadużywają tej wolności (jest to udziałem prawie wszystkich nas) i dokonują wyborów przeciwko Miłości. I właśnie tu rodzi się grzech. To tutaj widać gwoździe z Krzyża Jezusa, które przebijają... Gwoździe z Krzyża dotykają nas na przykład przez doświadczenie choroby. Pytamy: dlaczego Krzyż pojawia się w naszym życiu? Czyż Bóg nie mógłby uzdrowić wszystkich ludzi, aby mogli żyć spokojnie na tym świecie, przynajmniej bez bólu fizycznego? Moja odpowiedź brzmi: „Tak, mógłby". Ale to nie byłaby Miłość doskonała. A Boża Miłość jest doskonała. Wola Boża przejawia się nawet w chorobie, poprzez którą Bóg wzywa nasze serca, by zbliżyły się do Niego. Nasz niebieski Ojciec posługuje się cierpieniem fizycznym (jak również cierpieniem spowodowanym grzechami innych), aby otworzyć nasze serca i wzbudzić w nas pragnienie i potrzebę Jego obecności. Gdyby nasze serca nie napotykały na słabości (na przykład w sytuacji choroby), szybko zapomnielibyśmy o Bogu... Człowiek musi być spragniony, aby zechciał przyjąć głębię napoju Miłości, który oferuje Krzyż. Jezus cierpiał tam pragnienie, aby nas otworzyć; wzywa więc nas, abyśmy i my spotkali się z Nim w tym pragnieniu. Nic w życiu nie jest dziełem przypadku. Wszystko jest darem. Jeśli przeżywamy swoje „fiat" tak, jak Jezus (szczególnie na Krzyżu), otrzymujemy głęboki pokój poprzez Jego Krew, która wylewa się z naszych ran, zjednoczonych z Jego Ranami. Nasz Pasterz jest dobry. On i tak bierze na siebie większość ciemności, pokus, bólu i grzechu. Chrystus wchodzi w nasze trudności, aby nauczyć nas Miłości pośród nocy. Jezus przyszedł, aby wejść w cierpienie i tam nas uzdrowić. Wszedł w cierpienie także po to, aby je odkupić. Chciał dać nam siłę i błogosławieństwo oraz nauczyć nas Miłości pośród bólu. Tylko w Miłości na Krzyżu możemy być kształtowani i „wypalani" na Jego podobieństwo. Zbawiciel nie chciał, abyśmy zostali sami i dlatego przyszedł, by wejść w głębię naszej samotności i opuszczenia. On pragnie, abyśmy - gdy te „dary" ucałują już nasze życie - odnaleźli Jego samego, a od Niego nauczyli się Miłości. Te dopuszczone przez Boga trudne łaski przyjdą w bardzo konkretny sposób. Nasza cierpliwość będzie wypróbowywana przez różne problemy lub przez trudnych ludzi. W końcu jednak odniesiemy zwycięstwo w Miłości i zwyciężymy grzech razem z naszym Zbawcą, jeśli tylko w naszych próbach będziemy patrzeć na Niego, a nie na siebie czy na te trudne sytuacje. Musimy pozwolić na to, by On poprowadził nas głębiej, abyśmy odnaleźli Jego Piękno obecne we wszystkim. A skoro tylko Pan ukaże nam swoje

Gwoździe

ukrzyżowane Piękno, będziemy czuli się bardziej błogosławieni niż jakikolwiek człowiek na ziemi!

Jezus nie wpatrywał się w swoje gwoździe, gdy wisiał na Krzyżu, a więc i my nie powinniśmy skupiać się na tych sytuacjach, które nas krzyżują. Pan nie patrzył na siebie ani nie użalał się nad swoim losem – w takiej więc postawie i my powinniśmy Go naśladować. Gdyby Pan patrzył tylko na siebie, to Krzyż mógłby Go naprawdę zmiażdżyć. Albowiem ukrzyżowanie bez odpowiedzi najwyższej Miłości jest piekłem. Wisząc na Krzyżu, Jezus wpatrywał się z wiarą, ufnością i posłuszeństwem („fiat" aż po śmierć) w Miłość Ojca, mimo że czuł się od niej oddzielony... Patrzył z nadzieją. My także, będąc w cieniu Krzyża, nie powinniśmy patrzeć na nasze gwoździe lub na nas samych, ale na Niego – naszego umiłowanego Zbawcę, który uczynił Miłość Ojca widzialną. Mamy bowiem coś, czego nie miał Jezus na Krzyżu: Miłość Boga, która stała się już dla nas jawna – właśnie dzięki Jego ukrzyżowanemu Synowi.

Z pewnością w naszym życiu doświadczymy prawdziwych duchowych gwoździ, tak jak ukrzyżowany Jezus. Ale nasza odpowiedź Miłości może być tak samo prawdziwa i konkretna, gdyż otrzymamy od Chrystusa potrzebną siłę, aby czynić wszystko tak, jak On – w przebaczeniu, poddaniu się i posłuszeństwie. Na przykład, słowa dobroci skierowane do tych, którzy nas prześladują, wniosą w zamian do naszych serc pokój oraz pocieszenie dla Jezusa – tak realne, jak Jego obraz odbity na płótnie

Z ciemności…

Weroniki. Odpowiedzią i darem Zbawiciela jest właśnie Jego obraz utrwalony dla nas. Tkaniną, którą podajemy, są nasze serca, z których wypływają wszystkie myśli, słowa i czyny. Będziemy mogli podawać napój zmęczonemu Sercu naszego Pana zawsze wtedy, gdy dostrzeżemy, że krzyże w naszym życiu są miejscem spotkania z Nim oraz wtedy, gdy będziemy w stanie odpowiadać na nie z miłością. Z pustyni Krzyża Jezus powiedział: „Pragnę". Obyśmy umieli i chcieli gasić Jego pragnienie miłości poprzez towarzyszenie Mu we wszystkich naszych emocjach, okolicznościach i relacjach, które On sam nam zsyła. Obyśmy zawsze odpowiadali Mu w Miłości, z Miłości, przez Miłość.

VI

A Jezus milczał

Istnieje wiele różnych rodzajów milczenia: milczenie pełne „ja", milczenie obojętności i milczenie pełne Miłości. Milczenie Jezusa na Krzyżu było ogłuszającą ciszą. Nie było puste, lecz pełne Miłości – posłusznej Miłości. Jego ciche przyzwolenie i delikatna odpowiedź (na te wszystkie zniewagi i tortury, które Go spotkały) sprawiły, że nawet Jego prześladowcy umilkli. Gdy Piłat przesłuchiwał Jezusa, Pan *„jednak nie odpowiedział mu na żadne pytanie, tak że namiestnik bardzo się dziwił"* (Mt 27, 14). Milczenie Jezusa podczas Męki było milczeniem Miłości wobec tych, którzy zgrzeszyli przeciwko Niemu. Cisza na Krzyżu była milczeniem pełnym słuchania, czekania, nadziei i zaufania Ojcu. Było to milczenie polegające na przyjmowaniu wszystkiego jako głębokiego daru Miłości Boga. Tak! Nawet w całym dramacie Krzyża Jezus był w stanie ujrzeć dar Miłości Miłosiernej swojego Ojca, ponieważ widział wszystko w prawdzie. A prawda jest taka, że Jego ból był narzędziem Zbawienia dla całego wszechświata. Zatopić się w milczeniu to zatopić się w Miłości. Jezus milczał, ponieważ

Z ciemności…

Jego uwaga była skupiona na Miłości Ojca, która przeniosła Go przez cierpienie. Cisza ze strony Zbawiciela przemawiała głośniej niż słowa. Jezusowe milczenie wskazywało na Jego zaufanie do Ojca oraz poddanie się Jego woli. Gdyby Jezus wypowiedział wiele słów podczas swojej męki, mogłyby one spotkać się z różnymi negatywnymi reakcjami: odrzuceniem, zignorowaniem, wyśmianiem lub niezrozumieniem. Tymczasem milczenie Jezusa na Krzyżu uczyniło miejsce dla Ducha Świętego, który w ukryty, tajemniczy sposób mógł zacząć działać, aby otworzyć ludzkie serca na Boże odkupienie. Pogrążony w ciszy Jezus ani nie skarżył się na Boga, ani nie bronił siebie. Milcząc, okazywał głęboką dziecięcą ufność. Był przekonany i wierzył w to, że – mimo pustki i ciemności – Jego Ojciec jest z Nim, a Miłość ostatecznie zwycięży śmierć. Całe piekło rozgorzało przeciwko ukrzyżowanemu Chrystusowi, ale Jego milczenie miało na celu odwrócenie uwagi od nienawiści i pokus, a zwrócenie spojrzenia ludzkich serc na Ojca i Jego Miłość. W rzeczywistości Jezus przemówił kilka razy z Krzyża – Pismo Święte odnotowuje siedem różnych „słów"; jednak Pan nie wypowiedział żadnego z nich wyłącznie z własnej inicjatywy. Podczas Męki Krzyżowej słuchał, przyjmował głęboko do swego serca wolę Ojca i odpowiadał posłuszną Miłością. Każde słowo z Krzyża było więc odpowiedzią daną w zjednoczeniu z Duchem Świętym Miłości. Chrystus odzywał się tylko wtedy, gdy wzywała Go do tego Miłość. W przeciwnym razie trwał w oczekiwaniu – ufając niewidzialnej, nieuchwytnej, milczącej Miłości swego Ojca. Na tym właśnie polega „fiat".

Musimy kochać za pomocą głębokiego milczenia i słuchania (jak Jezus) w naszych małych cząstkach Jego Krzyża. I my jesteśmy wezwani do milczenia – takiego, które nie jest jedynie brakiem słów, ale raczej – ciszą serca, umysłu, uczuć i pamięci, jak również lęków i pragnień. Dokonuje się to poprzez potężne działanie Miłości Ducha Świętego w nas, który jest w stanie przeniknąć całą naszą naturę. Wtedy cisza nie jest pusta, wręcz odwrotnie – jest pełna ufnej Miłości. Ten rodzaj milczenia wyczekuje z ufnością każdego spojrzenia, słowa i oddechu Umiłowanego. Jezus był uważny na działanie Ojca w swej milczącej Miłości. Naśladując naszego Zbawiciela, możemy stawać się w tym do Niego podobni. Wtedy nasze serca zostaną pochłonięte przez taką Miłość, która istnieje poza słowami – zdolna przebaczać i okazywać ogrom miłosierdzia drugiemu człowiekowi, nawet pośród życiowych krzyży. To właśnie oznacza bycie ukrzyżowanym razem z Chrystusem: jest to próba Miłości. A w uważnym i posłusznym poddaniu się Ojcu, Jego Miłość może działać i czynić wszystko w nas, dla nas i przez nas. Amen. Jezus uczy nas, że **ciche serce jest sercem męczeńskim – sercem „umęczonym" przez miłosną czujność wobec swego Umiłowanego.**

Słuchanie w sposób naturalny oznacza dokonywanie wyboru, który zawsze ma swoje źródło w wolnej woli. Jeśli słuchamy konkretnej osoby, automatycznie koncentrujemy się i decydujemy świadomie, by w tym czasie nie nasłuchiwać innych odgłosów czy naszych własnych myśli. Kiedy Jezus wisiał na Krzyżu, starał się nie słuchać szyderców, kuszącego go szatana czy też swoich własnych lęków. Jezus nie nasłuchiwał świata ani cierpień własnego umysłu czy ciała. Nie, Chrystus był nastawiony na słuchanie Ojca, nawet jeśli On wydawał się być tak daleki. Zbawiciel nasłuchiwał z wiarą, wierząc, że cicha, głęboka Miłość Boga przemawia i prowadzi pośród ciemności. Jezus był pogrążony w miłosnym słuchaniu swojego Abba; to dlatego był w stanie odwrócić się od świata oraz szatana, który w hałaśliwy sposób nastawał na Niego. W naszym życiu musimy pozwolić Jezusowi, aby nie tylko żył w nas, ale także by słuchał w nas. Oznacza to, że powinniśmy odwrócić naszą uwagę od idei propagowanych przez ten świat (które często są sfabrykowanymi wyobrażeniami prawdy), a także od nas samych. Dzięki skupieniu oczu naszej duszy na Jezusie oraz trwaniu w zjednoczeniu z Panem słuchającym w nas, nasze serca będą w stanie otworzyć się na wielkie tajemnice Miłości Ojca, nawet pośród zgiełku i zamieszania tego świata. Jego Miłość może wypełnić i uciszyć nasze myśli, emocje, ciało i serce, jeśli tylko zrobimy miejsce dla Pana: zaprosimy Go, będziemy na Niego czekać i cieszyć się Jego obecnością. Kiedy słuchamy, to często nie odbieramy nic poza ciszą; wsłuchiwanie się w nią oznacza jednak nastawienie się na tajemnicze działanie Ducha Świętego. W tej miłosnej uwadze, którą Mu poświęcamy, Duch Święty jest w stanie nas otworzyć, napełnić, poprowadzić i przemienić. Gdy patrzymy i nasłuchujemy Miłości Jezusa w obecności Ducha Świętego – pośród naszych krzyży – Bóg może nas napełnić prawdziwym pokojem.

Panie Jezu, przyjdź. Ty sam słuchaj w nas. Niech Twoja Miłość ogarnie wszystkie władze naszej duszy i ciała, całą istotę, każdą ludzką relację oraz wszystkie aspekty naszego życia. Amen.

VII

Maleńkość i Krzyż

„Jak niemowlę u swej matki – tak we mnie jest moja dusza..." (Ps 131, 2b)

„Zaprawdę, powiadam wam: Jeśli się nie odmienicie i nie staniecie jak dzieci, nie wejdziecie do królestwa niebieskiego" (Mt 18, 3). Do Jezusa na Krzyżu nie można przyjść pod ukryciem maski. Ukrzyżowany pokazuje nam prawdę: o naszych grzechach, naszej godności oraz swojej Miłości. Musimy przyjść do Niego czyści i nadzy – tacy, jakimi jesteśmy w głębi siebie. Powinniśmy być jak słabe, małe dzieci, aby otrzymać te wszystkie dary, których Pan pragnie udzielić ze swojej nieskończonej Ukrzyżowanej Miłości. Aby doświadczyć obecności ukrzyżowanego Zbawiciela w życiu, absolutnie konieczne jest bycie małym. Ponieważ doświadczenie Krzyża oraz życie płynące z niego jest tak potężne, potrzebujemy Bożej siły, Miłości, posłuszeństwa, wiary i nadziei, aby je przyjąć. A tylko wtedy zostaniemy napełnieni tymi darami, gdy najpierw opróżnimy się z samych siebie. W nocy Krzyża potrzebujemy być niesieni przez Boga, ponieważ wokół panuje ciemność, a my jesteśmy ślepi i zagubieni. Być niesionym przez Boga oznacza przestać chodzić samemu, a poddać się Jemu i zaufać w pełni. Trzeba pozwolić, by Bóg wziął nas na swe ręce i pokierował naszą drogą. Dobry Pasterz nosi na ramionach te najmniejsze ze swoich owiec. To właśnie małe jagnięta są najbliżej Jego Serca. Musimy być jak te najmniejsze owieczki, ufając naszemu Pasterzowi i przytulając się do Jego Serca. W takim poddaniu się, On sam może w nas i przez nas uczynić wiele cudów łaski i Miłości.

Nasz Pan jest wielkim „Dżentelmenem". Nie wdziera się na siłę do niczyjego serca. Szanuje wielki dar wolności, którym obdarzył każdego z nas, ponieważ tak bardzo ceni naszą zdolność do kochania. Musimy stać się naprawdę mali oraz chętni do tego, by pozwolić Jezusowi na działanie: na otwarcie, obnażenie, uzdrowienie i napełnienie nas. Do Niego należy nawet to, by uczynić nas małymi, ale to my musimy dać mu serca z naszym małym „tak" – pozwalając, by Jezus wypełnił nas swoją Miłością. To jest Jego dar, ale my musimy chcieć go przyjąć.

Bóg jest wszechmocny. My nie. Ale na Krzyżu Chrystus pokazuje nam, że kiedy posłusznie oddajemy Ojcu nasze „nic" i krzyżujemy osobiste pragnienia oraz składamy nasze małe „ja" przed Nim jako „fiat" – On może dokonać w nas wielkich rzeczy. Miłujący Bóg będzie mógł żyć w nas. Ta duchowa rzeczywistość nie jest widoczna, ale może zmienić świat. Pan jest w stanie wypełnić nasze prozaiczne, codzien-

Maleńkość i Krzyż

ne życie swoją Boską Miłością, co może przynieść Mu chwałę i głęboko przemienić świat. Wszystko, czego potrzebuje, to nasze „tak". Jezus uczy nas tego z Krzyża. W czasie swej Męki Pan był prawie całkowicie milczący oraz zupełnie unieruchomiony, ponieważ Jego ręce i stopy były przybite gwoździami. W oczach świata Jezus był wtedy niczym, bo nic szczególnego nie czynił. Ale w oczach swego Ojca dokonał czegoś wielkiego – odkupienia ludzkości. Wszystko, co uczynił, było posłuszeństwem i Miłością. Właśnie poprzez posłuszeństwo i ukrzyżowaną Miłość Syna Bóg Wszechmogący mógł uczynić wszystko. To prawda, że z powodu naszej grzesznej natury jesteśmy zbyt słabi, by być posłusznymi i miłować tak doskonale jak Jezus, co jednak nie zmienia faktu, iż do tego właśnie zostaliśmy powołani. A środkiem do wykonania tego pozornie niemożliwego zadania (doskonałego posłuszeństwa i Miłości, nawet w cierpieniu Krzyża) jest nasza małość oraz całkowite poddanie się dłoniom, woli i Sercu Jezusa Ukrzyżowanego. Kiedy ogołocimy się przed Nim w pokorze (a pokora jest prawdą o Bogu i o nas), wtedy On będzie mógł napełnić nas wszystkim tym, czego potrzebujemy oraz przeprowadzić nas (spoczywających w Jego Sercu) przez dramat krzyża. Święty Paweł pisze w Liście do Kolosan, że Jezus przynosi nam *„pokój przez krew swojego Krzyża"* (Kol 1, 20). Jezus zaprasza nas, abyśmy doświadczali Jego głębokiego pokoju nawet pośród różnych życiowych utrapień. Pan ofiarowuje nam pokój poprzez swoją obecność przy nas, a także przez swoją łaskę, która towarzyszy nam we wszystkim, co napotykamy. Obecność Zbawiciela przewyższa wszelkie problemy i tragedie w naszym życiu, ponieważ On *„jest większy od naszego serca..."* (1 J 3, 20b).

Jezus zaprasza nas do spokojnego snu razem z Nim w łodzi – podczas burzy. W Ewangelii św. Mateusza uczniowie zwracają się z pretensją do swego Mistrza, gdyż zwyczajnie bali się o swoje życie podczas sztormu, podczas gdy On cały czas spał. Jezus odpowiada im: *„Czemu bojaźliwi jesteście, małej wiary?"* (Mt 8, 26). Różnica między postawą uczniów a zachowaniem Jezusa w tej sytuacji jest kluczem do zrozumienia męki Zbawiciela na Krzyżu. Uczniowie patrzyli na burzę i martwili się o samych siebie. Wołali: *„Panie, ratuj, giniemy!"* (Mt 8, 25). Nie tyle bali się wtedy o Jezusa, co o własne życie. Ale Pan się nie bał. Nie patrzył na burzę ani na panikę uczniów. Spoglądał na Ojca, ufając Mu tak, jak małe dziecko ufa rodzicowi. Jego oczy i serce były zwrócone na Boga w wierze i miłości; więc był na tyle spokojny, że mógł odpocząć (a nawet zasnąć) pośród burzy. Na Krzyżu Jezus cierpiał strasznie, ale nie patrzył ani na „burzę" dookoła, ani na swój ból. Wypatrywał Boga z ufnością, wiarą i posłuszeństwem swego Serca – nawet wtedy, gdy wydawało się, że Jego Ojciec się oddalił. Taka postawa przeniosła Go przez całą mękę. Co prawda, Chrystus wołał: *„Boże mój, Boże mój, czemuś Mnie opuścił?"* (Mt 27, 46). Jednak koniec Psalmu, którym modlił się wtedy Jezus, zawiera wielką nadzieję. Głębia Serca Zbawiciela spoczywała w woli Boga;

Maleńkość i Krzyż

jako Syn wierzył On niewidzialnej i nie odczuwanej Miłości Ojca. To w niej Chrystus znalazł *„pokój przez krew swego krzyża"*. Jeśli potrafimy być jak dzieci i patrzeć na Boga pośród naszych cierpień, On również może dać nam taki sam pokój. Pan naprawdę pragnie go nam udzielić – musimy tylko stanąć nadzy przed Nim i o to poprosić.

Możemy się wiele nauczyć od niemowląt. Małe dziecko dużo śpi i nie martwi się o swoje życie, ale całkowicie ufa rodzicom. Kiedy się obudzi, jego oczy są zwrócone na matkę i obserwują jej ruchy. Jeśli nie ma jej w zasięgu wzroku, to dzidziuś zazwyczaj siedzi lub odpoczywa. Czasami płacze, lecz szybko uspokaja się, gdy matka bierze go na ręce. Jego życie to bycie z nią. Ta prostota dziecka jest święta. Niemowlę jest niewinne; żyje otrzymując to, co potrzebne, od tych, którzy się nim opiekują – nic więcej. Z takim zamysłem stworzył nas Bóg – chciał, abyśmy byli przed Nim jak dzieci otrzymujące wszystko, czego potrzebują, jako niemowlęta żyjące w zaufaniu. Tak właśnie wyglądało życie Adama i Ewy z Bogiem w ogrodzie Eden. Biblia mówi nam, że Stwórca dał im wszystko do dyspozycji. Niestety, pierwsi ludzie zgrzeszyli, gdyż zapragnęli wiedzy. Nie wystarczało im proste życie w zaufaniu do Boga. Okazali nieposłuszeństwo, ponieważ przestali ufać swojemu Ojcu i Jego miłości. Kiedy na ziemię przyszedł Jezus, ukazał nam doskonałą, pełną zaufania relację z Ojcem, która była zamierzona dla ludzi na początku. Chrystus pouczał nas, że powinniśmy być jak małe dzieci, szukając Boga i ufając Mu do końca:

Dlatego powiadam wam: Nie troszczcie się zbytnio o swoje życie, o to, co macie jeść i pić, ani o swoje ciało, czym się macie przyodziać. Czyż życie nie znaczy więcej niż pokarm, a ciało więcej niż odzienie? Przypatrzcie się ptakom w powietrzu: nie sieją ani żną i nie zbierają do spichrzów, a Ojciec wasz niebieski je żywi. Czyż wy nie jesteście ważniejsi niż one? Kto z was przy całej swej trosce może choćby jedną chwilę dołożyć do wieku swego życia? A o odzienie czemu się zbytnio troszczycie? Przypatrzcie się liliom na polu, jak rosną: nie pracują ani przędą. A powiadam wam: nawet Salomon w całym swoim przepychu nie był tak ubrany jak jedna z nich. Jeśli więc ziele na polu, które dziś jest, a jutro do pieca będzie wrzucone, Bóg tak przyodziewa, to czyż nie tym bardziej was, małej wiary? Nie troszczcie się więc zbytnio i nie mówcie: co będziemy jeść? co będziemy pić? czym będziemy się przyodziewać? Bo o to wszystko poganie zabiegają. Przecież Ojciec wasz niebieski wie, że tego wszystkiego potrzebujecie. Starajcie się naprzód o królestwo i o Jego sprawiedliwość, a to wszystko będzie wam dodane. Nie troszczcie się więc zbytnio o jutro, bo jutrzejszy dzień sam o siebie troszczyć się będzie. Dosyć ma dzień swojej biedy.

(Mt 6, 25-34)

Maleńkość i Krzyż

Ta małość sprawia, że możemy być niejako wyzuci z samych siebie, a Bóg jest wtedy w stanie udzielać nam tych wszystkich wielkich darów, które dla nas przeznaczył. Ponadto, Ojciec Niebieski może udzielać nam łaski potrzebne do niesienia naszego krzyża, abyśmy mogli zjednoczyć się z Jezusem. Taka ufność pozwala nam żyć Psalmem 131 nawet na Krzyżu. Jest to modlitwa, która może popłynąć wśród naszych ciemności i cierpienia:

Panie, moje serce się nie pyszni i oczy moje nie są wyniosłe.
Nie gonię za tym, co wielkie, albo co przerasta moje siły.
Przeciwnie: wprowadziłem ład i spokój do mojej duszy.
Jak niemowlę u swej matki, jak niemowlę - tak we mnie jest moja dusza.
Izraelu, złóż w Panu nadzieję odtąd i aż na wieki!

Życie dziecka jest pełne nadziei. Jeśli potrafimy być mali z Jezusem w naszym ukrzyżowanym życiu, On może napełnić nas wielką nadzieją na zmartwychwstanie oraz na prawdziwe życie wieczne z Nim, które czeka nas w przyszłości.

Czym jest ta maleńkość, do której wzywa ukrzyżowany Zbawiciel? Jezus pokazuje nam, że taka postawa jest czystością serca oraz pokorną Prawdą o tym, kim jesteśmy przed Bogiem. Oznacza to posiadanie delikatnego, uległego serca, składanego na ręce Ojca, który Sam chce je formować, kształtować i prowadzić. Bycie małym oznacza zgodę na to, by nie mieć nic swojego, ale wszystko dostawać od Ojca i przez Niego. Polega to na tym, że Bóg zaspokaja każdą naszą potrzebę, nawet zanim się zorientujemy, że ona istnieje. Nie martwić się, ani nawet nie myśleć zbyt wiele o sobie lub o swoim życiu – to po prostu żyć w zaufaniu. Maleńkość to brak strachu i wstydu w Bożych Ramionach czy przed Jego Obliczem – nawet jeśli jesteś nagi, bo wyszedłeś z Jego miłującego Serca, zostałeś ukształtowany przez Jego Ręce i to On sam cię chce przyodziać. Postawa małego dziecka to posiadanie gotowego, nasłuchującego i bardzo posłusznego serca. To posłuszeństwo każdemu pragnieniu Boga (bez kwestionowania go); to po prostu radowanie się Jego Miłością oraz pragnienie, by zawsze Go zadowalać. Jest to ufność w to, że Stwórca o wszystkim wie, więc chce i da nam to, co w danym momencie jest dla nas najlepsze. Maleńkość to przyzwolenie na to, by nie decydować <u>o niczym</u> na własną rękę, ale prosić Boga o pozwolenie na wszystko. To szukanie pociechy i pomocy w cierpieniu tylko u Niego, gdyż jedynie Bóg może wypełnić nasze serce. <u>To wreszcie brak strachu, gdyż – jeśli jesteśmy w relacji z tak silną Osobą, która w dodatku bardzo nas kocha – nic złego nie może się nam stać. Bóg ochroni, poprowadzi i ofiaruje – Bóg kocha.</u> Postawa duchowego dziecięctwa to robienie wszystkiego po to, by przypodobać się swojemu Ojcu – jeść to, co On chce, bawić się tym, co On chce... To znaczy, że trzeba odnaleźć siebie w Nim oraz spać na Jego piersi – spać spokojnie, nawet podczas burzy. Maleńkość to wiara, zaufanie, szczerość i prawda. To prosta i wolna miłość.

VIII

Relacja małżeńska i Krzyż

Miłość pragnie być z osobą ukochaną. Sam Jezus daje nam tego doskonały przykład w swojej relacji z Ojcem. W Ewangelii mówi: *„Wierzcie Mi, że Ja jestem w Ojcu, a Ojciec we Mnie."* (J 14, 11). A ponieważ my jesteśmy Jego umiłowanymi dziećmi, Chrystus zaprasza nas, abyśmy zawsze trwali w Nim. *„Jak Mnie umiłował Ojciec, tak i Ja was umiłowałem. Wytrwajcie w miłości mojej!"* (J 15, 9). Prawdziwa miłość zawsze stara się być blisko obiektu swoich uczuć. A jeśli ukochana osoba cierpi, to pragnie się nie tylko być z nią w bólu, lecz także wziąć to cierpienie na siebie. To właśnie uczynił dla nas Jezus na Krzyżu. Zbawiciel tak bardzo nas umiłował, że ogołocił samego siebie, aby nie tylko być z nami w naszych cierpieniach, ale także wziąć je na siebie. Do takiego zjednoczenia Chrystus zaprasza nas na Krzyżu. W małżeństwie to pragnienie doskonałego, wiernego zjednoczenia „na dobre i na złe" jest widoczne w przysiędze sakramentalnej składanej przez parę młodą. Małżonkowie obiecują kochać się wzajemnie w dobrej i złej doli, w bogactwie i ubóstwie, w zdrowiu i chorobie. Właśnie taka powinna być nasza miłość do Jezusa. Winniśmy kochać

Z ciemności...

naszego drogiego Zbawiciela tak bardzo, by pragnąć towarzyszenia Mu nie tylko w radości, ale i w Jego cierpieniach, zwłaszcza wtedy, gdy On najbardziej tego potrzebuje. Powinniśmy pragnąć nie tylko być z Chrystusem, ale i dzielić z Nim Jego trudy, aby nie był w nich sam. Miłość ma być siłą, która przeprowadza nas przez nasze życiowe krzyże. A Jezus pozwala nam dzielić małą cząstkę tego wszystkiego, co sam musiał znieść, by zbawić nas i całą ludzkość.

Nasze krzyże są miejscem zjednoczenia z umiłowanym Panem. Są one pocałunkami Jego ran w naszym życiu. Mężczyzna i żona spotykają się nadzy w akcie miłości małżeńskiej. Nie chcą, by coś stanowiło przeszkodę dla doskonałej jedności ich ciał i dusz. Jezus przychodzi do każdego z nas właśnie w ten sposób – w głębokiej Miłości Małżeńskiej, w Miłości Ukrzyżowanej. Krzyż jest łożem małżeńskim. Nasze odkryte rany spotykają się z Jego Ranami w tej ciemnej nocy małżeńskiej radości. Jezus staje się jedno z nami, gdy wciela nasze rany niejako we własne Ciało i Duszę oraz gdy dzieli się z nami gorzkim smakiem kielicha otrzymanego od Ojca. Zbawiciel cierpiał, aby nas uzdrowić. Kiedy przyjmujemy nasze cierpienie w Miłości, możemy nie tylko otrzymać uzdrowienie od Chrystusa, ale również ukoić Jego ból. Nasza Miłość jest dialogiem. On daje, my otrzymujemy. My dajemy, On otrzymuje. Pan stał się ubogim, aby nas ubogacić w Miłość i życie wieczne w Jego Królestwie Niebieskim. Kiedy stajemy się ubodzy dla Niego

Relacja małżeńska i Krzyż

i z Nim, On może nas napełnić wszelkimi łaskami już tu na ziemi, a także wielkim darem życia wiecznego w przyszłości. Nasza nadzieja w Krzyżu to nadzieja głębokiego zjednoczenia z naszym miłosiernym Zbawicielem – Tym, który cierpiał więcej niż jakikolwiek inny człowiek na ziemi. Nasza nadzieja polega na tym, że ów „mąż boleści" (Iz 53) może stać się naszym Umiłowanym Oblubieńcem.

Spójrzcie, jak Jezus ukochał nas na Krzyżu. On się nam tam prawdziwie oświadczył, zapraszając nas do wejścia z Nim w małżeństwo głębokiej Oblubieńczej Miłości. Cierpiał straszliwie i oddał swoje życie, a ofiarował nam to wszystko, aby otworzyć nas na przyjęcie daru z Siebie samego. Okrył się krwią, aby obmyć nasze łzy. Doskonałe zjednoczenie z Chrystusem musi dokonać się na Kalwarii, gdyż jest to droga, która uczyniła Go jedno z nami. Kiedy mąż i żona zawierają związek małżeński, mężczyzna zabiera wybrankę do swojego domu, a jego rodzina zostaje jej rodziną, jego pokarm jest jej pokarmem, jego łóżko staje się jej łóżkiem, a jego życie – jej życiem. Kiedy Jezus obdarza duszę oblubieńczą miłością, bierze ją ze sobą na łoże Krzyża, a ona spożywa z Nim pokarm Jego gorzkich ran oraz dzieli Jego życie w ciemności, samotności i opuszczeniu. Co piękne jednak – także i Jego rodzina zostaje jej rodziną, Jego Ojciec niebieski jest już jej Ojcem, a Jego Królestwo Niebieskie staje się jej Królestwem na wieki. Człowiek i Bóg dzielą się krzyżami, ale i koronami. Dusza może bardziej zjednoczyć się ze swoim Umiłowanym Panem niż mąż i żona we wzajemnym oddaniu. Jedność w Miłości Ukrzyżowanej jest pełna radości, gdyż z każdym małym cierpieniem, które przyjmujemy jako nasze „fiat", jesteśmy coraz głębiej zjednoczeni z Jezusem – stajemy się jedno z Synem Bożym! Nie ma większej radości niż ta.

Kiedy przyjmujemy pocałunek ran Jezusa w naszym życiu, niech nasze serca jednocześnie odczuwają radość z tego powodu, że kocha On nas na tyle, by dzielić się z nami najgłębszą – bo cierpiącą – cząstką swojej Miłości. Niech nas nie przerażają żadne cierpienia (zewnętrzne czy wewnętrzne), bo mamy dobrego Oblubieńca, który troszczy się o nas bardziej, niż moglibyśmy to pojąć. Tak jak Chrystus stał się jednym ciałem z nami przez swe Wcielenie i przyjęcie na siebie naszych grzechów i cierpień oraz jak jednoczy się z nami w swoim Ciele i darze Serca w Eucharystii, tak i my stajemy się jednym ciałem z Nim poprzez udział w Jego Krzyżu. On daje nam swoje Ciało w Eucharystii, a my dajemy Mu nasze, aby stać się jedno z Nim. Taka jedność przynosi słodki pokój i radość, nawet jeśli wiąże się to z cierpieniem lub stratą; w takim zjednoczeniu otrzymujemy bowiem to, do czego zostaliśmy stworzeni: idealną jedność Miłości z Bogiem. Jezus – doskonały Oblubieniec – ofiarowuje naszym sercom swoje własne miłosne zjednoczenie z Ojcem. Chrystus rzeczywiście może dać nam to wszystko, jeśli tylko powiemy „tak" w naszym poddaniu się Jego woli.

Relacja małżeńska i Krzyż

Święty Paweł pięknie napisał o oblubieńczej miłości Jezusa na Krzyżu:

Żony niechaj będą poddane swym mężom, jak Panu, bo mąż jest głową żony, jak i Chrystus - Głową Kościoła: On - Zbawca Ciała. Lecz jak Kościół poddany jest Chrystusowi, tak i żony mężom - we wszystkim. Mężowie miłujcie żony, bo i Chrystus umiłował Kościół i wydał za niego samego siebie, aby go uświęcić, oczyściwszy obmyciem wodą, któremu towarzyszy słowo, aby osobiście stawić przed sobą Kościół jako chwalebny, nie mający skazy czy zmarszczki, czy czegoś podobnego, lecz aby był święty i nieskalany. Mężowie powinni miłować swoje żony, tak jak własne ciało. Kto miłuje swoją żonę, siebie samego miłuje. Przecież nigdy nikt nie odnosił się z nienawiścią do własnego ciała, lecz [każdy] je żywi i pielęgnuje, jak i Chrystus - Kościół, bo jesteśmy członkami Jego Ciała. Dlatego opuści człowiek ojca i matkę, a połączy się z żoną swoją, i będą dwoje jednym ciałem. Tajemnica to wielka, a ja mówię: w odniesieniu do Chrystusa i do Kościoła.
(Ef 5, 22-32)

Jezus kocha nas jako Oblubieniec. Otwórzmy przed Nim nasze serca w całkowitym oddaniu się, aby przyjąć tę zbawczą Miłość i pozwolić jej na przemianę naszego życia. Niech z każdym uderzeniem serca płynie nasza modlitwa: „*Maranatha! Przyjdź, Panie Jezu!*" (Ap 22, 20).

IX

Kalwaryjska Matka

"A obok krzyża Jezusowego stała Matka Jego..."
(J 19, 25)

Maryja z Kalwarii. Jaka była Jej rola w życiu Syna ukrzyżowanego z Miłości? Stała u stóp Krzyża. Współuczestniczyła w nim razem ze Zbawicielem. Stała potwierdzając wiarę w to, że odkupienie ludzkości przez Boga jest silniejsze niż śmierć. Ufała, że w jakiś sposób będzie mogła pocieszyć swego Syna w Jego cierpieniu; trwała także w nadziei na Zmartwychwstanie i zwycięstwo Miłości. Maryja czuwała pod Krzyżem w Miłości, ogarnięta bolesnym zachwytem nad miłosierną Miłością swego Syna. Jej serce było otwarte w odpowiedzi na Jego opuszczenie, aby tą Miłość, którą od Niego otrzymała, mogła Mu z powrotem ofiarować. Maryja nie mogła przyjąć na siebie męki krzyżowej, a nawet gdyby mogła, to przypuszczam, że i tak by tego nie zrobiła. Nie ingerowałaby bowiem w Boży plan Miłości i Zbawienia. Jej trwanie pod Krzyżem nie było apatyczną rezygnacją wobec cierpienia Jezusa, ale głębokim przyzwoleniem woli na to wszystko, czego pragnął Jej Syn i Ojciec. Naturalnie nie chciała, by Jezus cierpiał – jej pragnienie dotyczyło raczej dzieła wiecznego odkupienia, większego niż ziemskie cierpienie. Było to pragnienie zwycięstwa Miłości.

Nawet jeśli Jezus był ogarnięty przez ciemność i strach, a Maryi nie dostrzegał wyraźnie, to Jej obecność z pewnością była dla Niego promykiem światła tam na Kalwarii. Maryja stała u stóp Krzyża swego Syna ze słowem „fiat" w sercu – tym samym „fiat", które wypowiedziała trzydzieści trzy lata wcześniej podczas sceny zwiastowania. Maryja wychowała Jezusa w duchu „fiat", w domu pełnym miłosnego oddania się woli umiłowanego Ojca. Wychowała Go do posłuszeństwa. Uczyła Go, aby zawsze szedł za wezwaniem Miłości. Nie ma potrzeby zastanawiać się, czy Jezus przyjąłby Krzyż, gdyby był pozbawiony tego cennego wychowania, jakie dała Mu Maryja – On przyszedł na ziemię, aby odkupić człowieka i nie „potrzebował" uczyć się od Matki, w jaki sposób to uczynić. Proces wychowywania Jezusa był raczej przygotowaniem gleby Jej serca na Jego śmierć. Uczestniczenie w dorastaniu Jezusa splotło ich serca w jedno „fiat", aby w czasie Jego męki Maryja miała odwagę stanąć pod Krzyżem, sama mając ukrzyżowane serce i współcierpiąc ze Zbawicielem – we wspólnym „fiat". Obecność Matki z pewnością niosła Jezusowi głębokie ukojenie – nawet jeśli nie dla Jego uczuć, to dla samej świadomości, że jest blisko. Maryja stała pod Krzyżem Jezusa nie tylko wtedy, gdy On tam wisiał i cierpiał, ale także po

Kalwaryjska Matka

Jego śmierci. Musiała odczuwać głębokie zjednoczenie z wewnętrznymi cierpieniami Jej Syna, opuszczonego (jak się wydawało) przez Ojca, a jednak nie użalała się nad sobą ani nad bólem swego serca. Z pewnością Maryja czerpała głęboką siłę i nadzieję z „fiat" swego Syna; skoro widziała, z jak wielką Miłością i nadzieją przyjął On swój Krzyż, to nie wątpiła, iż Jego śmierć nie jest końcem. Może nie znała szczegółów Jego przyszłego Zmartwychwstania, ale z wielką ufnością wierzyła, że zbawcza Miłość i plan Boga są większe niż odrzucona Miłość i śmierć, którą poniósł Jej Syn.

Jaka jest zatem rola Maryi w naszym życiu, skoro i my jesteśmy wezwani, by dzielić z Jej Synem Miłość Ukrzyżowaną? Jej zadanie jest takie samo. Tak jak stała u stóp Krzyża, tak samo stoi u stóp naszych życiowych krzyży. Tak jak zwracała swe oczy i serce ku nadziei Zmartwychwstania i zwycięstwa Miłości w Męce Jezusa, tak samo i w naszej nocy będzie utrzymywać to Światło Nadziei w mocy Bożej Miłości i darze Życia wiecznego. Maryja jest dla nas Lampą nadziei i Miłości. W nasze najciemniejsze noce wystarczy sama świadomość Jej obecności, miłości i wierności, a stanie się to niewyobrażalną pociechą dla naszych serc. Maryja przeżyła ciemność z Jezusem i tak samo przejdzie ją z nami. Razem z Jezusem wypowiadała „fiat" w swoim sercu, więc będzie wypowiadać „fiat" i z nami.

Maryja jest Matką Jezusa, a On dał Ją nam. Kiedy jednoczymy się z Panem na Krzyżu w oblubieńczej Miłości, nasza relacja z Nią (Matką naszego ukrzyżowanego

Z ciemności...

Oblubieńca) staje się coraz głębsza. Ona jest prawdziwie naszą Matką. Podobnie jak Maryja wychowała Jezusa w atmosferze Miłości, w duchu „fiat" i w posłuszeństwie Ojcu, tak też stanie się naszą Matką i nauczycielką. Tak jak Jezus patrzył na Nią z Krzyża, tak i my możemy patrzeć na Nią. Jej czyste serce jest naszym Światłem. W Jej niepokalanym sercu (wypełnionym przyzwoleniem „fiat") króluje bowiem Światło i pełnia Bożej Miłości. I tak jak Maryja nie mogła pozbawić swego Syna cierpienia, tak też nie może zabrać go od nas. Cierpienie jest bowiem naszym sposobem zjednoczenia z Jej Synem, jest pocałunkiem miłości Ojca – danym nam po to, abyśmy stali się obrazem Jezusa przez Miłość. Jej obecność zawsze jednak może dać nam nadzieję, bo wiemy, że Ona nie przestaje modlić się za nas. Nawet w największej ciemności, gdy nie widzimy lub nie czujemy Jej matczynej opieki, wiemy, że Maryja stoi przy nas. Wierzymy, że modli się w naszej intencji. I nawet jeśli uważamy, że już dłużej nie wytrzymamy naszego bólu, to Ona będzie wtedy wierzyć za nas, ponieważ stała u stóp Krzyża swojego Syna i widziała moc Bożej łaski oraz Jego miłosiernej Miłości. Kiedy wszystko wydaje się beznadziejne, a my nie potrafimy być może nawet wyobrazić sobie wizerunku Matki Bożej, musimy nieustannie powtarzać Jej imię: „Maryjo, Maryjo, Maryjo – przyjdź i pomóż mi". Wiemy, że Ona jest u Boga; wiemy, że kocha, troszczy się i modli się za nas; wiemy, że Jej modlitwa ma moc. I tak jak Matka nigdy nie opuściła swojego Syna, tak też Ona nigdy nie opuści nas, swoich małych umiłowanych dzieci. Niech Jej wierność pomoże nam pozostać wiernymi. Niech Miłość Jej Syna pomaga nam zawsze wypowiadać z wiarą „fiat" – razem z Nią. Amen. Alleluja.

CZĘŚĆ DRUGA

Do modlitewnej medytacji:
Refleksje na temat Drogi Krzyżowej i
Zmartwychwstania
Pana Jezusa

X

Męka, Krzyż i Śmierć Pana Jezusa

1. Jezus daje nam siebie w darze Eucharystii

„A gdy oni jedli, Jezus wziął chleb i odmówiwszy błogosławieństwo, połamał i dał uczniom, mówiąc: «Bierzcie i jedzcie, to jest Ciało moje». Następnie wziął kielich i odmówiwszy dziękczynienie, dał im, mówiąc: «Pijcie z niego wszyscy, bo to jest moja Krew Przymierza, która za wielu będzie wylana na odpuszczenie grzechów."
(Mt 26, 26-28)

„To powiedziawszy Jezus doznał głębokiego wzruszenia i tak oświadczył: «Zaprawdę, zaprawdę, powiadam wam: Jeden z was Mnie zdradzi»."
(J 13, 21)

„Jeden z uczniów Jego – ten, którego Jezus miłował – spoczywał na Jego piersi."
(J 13, 23)

„Odpowiedział im Jezus: «Jam jest chleb życia. Kto do Mnie przychodzi, nie będzie łaknął; a kto we Mnie wierzy, nigdy pragnąć nie będzie."
(J 6, 35)

„Ja jestem chlebem żywym, który zstąpił z nieba. Jeśli kto spożywa ten chleb, będzie żył na wieki. Chlebem, który Ja dam, jest moje ciało za życie świata». Rzekł do nich Jezus: «Zaprawdę, zaprawdę, powiadam wam: Jeżeli nie będziecie spożywali Ciała Syna Człowieczego i nie będziecie pili Krwi Jego, nie będziecie mieli życia w sobie. Kto spożywa moje Ciało i pije moją Krew, ma życie wieczne, a Ja go wskrzeszę w dniu ostatecznym. Ciało moje jest prawdziwym pokarmem, a Krew moja jest prawdziwym napojem. Kto spożywa moje Ciało i Krew moją pije, trwa we Mnie, a Ja w nim."
(J 6, 51.53-56)

Jezus: **„Co to znaczy – dzielić z kimś kielich? Jest to znak bliskości oraz zaufania między ludźmi. Jeśli dwie osoby spożywają to samo, to są w pewien sposób zjednoczone. A o ileż bardziej intymnym rozdzielaniem pokarmu jest** karmienie niemowlęcia piersią przez matkę? Dzieli się ona ze swoim dzieckiem pokarmem, który stanowi część jej własnej osoby. Jednak w pokarmie Eucharystycznym, który podzieliłem między swoich uczniów, dałem to i o wiele więcej. Ostatnia Wieczerza była bowiem czymś więcej niż tylko wspólnym dzieleniem jednego chleba i jednego kielicha, nawet jeśli tym pokarmem byłem Ja sam. W Eucharystii dałem im moje Ciało i moją Krew, która miała być za nich wylana na odpuszczenie grzechów. Eucharystia miałaby mniejsze znaczenie, gdyby nie następujący po niej mój Krzyż. Oddałem swoje Ciało jako dar, aby być przez ludzi zranionym i aby móc ich przez to uzdrowić. Dałem całą moją Miłość, aby została odrzucona i opuszczona przez ich słabość – aby dać im siłę. Wezwałem ich, aby byli jedno ze Mną w Eucharystii, aby przelewali swoją krew ze mną, za mnie – w Miłości. Zjednoczenie, do którego ich wezwałem ze mną i do którego Ja cię teraz wzywam, ludzka duszo, jest żywym zjednoczeniem całkowitego ogołocenia się – w darze dla Umiłowanego. Wzywam cię, abyś weszła w to zjednoczenie ze mną, gdy ogarniam cię moim przymierzem Miłości. Wzywam cię, abyś weszła w to zjednoczenie i żyła nim ze mną na Krzyżu, abyśmy trwali tam zranieni razem – z Miłości do twoich braci i sióstr, którzy są na świecie. Miłość, którą daję tobie w Eucharystii, jest Miłością połamaną i ukrzyżowaną – Miłością, która kocha tak bardzo, że jest gotowa być zraniona tylko ze względu na Miłość. Przymierze, które zawieram na Krzyżu i w Eucharystii jest przymierzem Miłości, która żyje w tobie. Przyjmując moje Eucharystyczne Ciało i Krew, umierasz ze mną, dla mnie i we mnie, a Ja – twój ukochany Oblubieniec – przychodzę, aby żyć moim życiem w tobie. Wszystko, czego potrzebujesz, aby żyć życiem Krzyża (do którego cię wezwałem), otrzymałaś już za pierwszym razem, gdy przyjęłaś mnie w Eucharystii. Tam była twoja siła, światło, łaska oraz te odpowiedzi, których potrzebujesz na twe obecne pytania. Za każdym razem, gdy przyjmujesz mnie w Eucharystii, odnawiam moje przymierze Miłości z tobą, ofiarowując ci Miłość tak wielką, że jest gotowa na głębokie zranienie. Moja Eucharystia może zawsze trwać w tobie, ilekroć mówisz „fiat" wobec mojego Krzyża oraz gdy przyjmujesz moje ukrzyżowane życie i Miłość do swego serca. Moja ukrzyżowana Miłość jest Eucharystyczna – jest to Miłość, która jednoczy, uzdrawia i wzmacnia. A Krzyż jest obecny właśnie w moim Eucharystycznym Sercu. Otwórz się, moje dziecię, aby żyć moją Eucharystyczną ukrzyżowaną Miłością w każdym dniu. A Ja błogosławię cię w mojej Miłości. Amen."

2. Jezus modli się i cierpi w Ogrójcu

„Wtedy rzekł do nich: «Smutna jest moja dusza aż do śmierci; zostańcie tu i czuwajcie ze Mną!» I odszedłszy nieco dalej, upadł na twarz i modlił się tymi słowami: «Ojcze mój,

jeśli to możliwe, niech Mnie ominie ten kielich! Wszakże nie jak Ja chcę, ale jak Ty»."
(Mt 26, 38-39)

„Wtedy ukazał Mu się anioł z nieba i umacniał Go. Pogrążony w udręce jeszcze usilniej się modlił, a Jego pot był jak gęste krople krwi, sączące się na ziemię."
(Łk 22, 43-44)

„Teraz dusza moja doznała lęku i cóż mam powiedzieć? Ojcze, wybaw Mnie od tej godziny. Nie, właśnie dlatego przyszedłem na tę godzinę."
(J 12, 27)

Jezus: **„Tej nocy w ogrodzie byłem tak bardzo samotny. Głębia mojej samotności jest czymś, czego nie mogę opisać słowami. Będziesz mogła poznać to dopiero wtedy, gdy sam ukażę ci tajemnicę tego cierpienia. Moja samotność pochłaniała każdą część mojej Istoty. Cierpiałem jako człowiek, opuszczony i niezrozumiany przez przyjaciół. Cierpiałem jako Syn Boży, bo choć Ojciec mój posłał swego anioła z pocieszeniem, to nie mogłem dojrzeć jaśniejącego Oblicza Boga, bo ciemności nocy krzyżowej zaczęły mnie już ogarniać. Cierpiałem jako Zbawiciel, biorąc na siebie wielką samotność grzeszników oddzielonych od mojego Ojca – samotność, która wydawała się nie do zaspokojenia, gdyż ich serca były tak** zamknięte na przyjęcie przebaczenia i uzdrawiającej Miłości mojej Krwi. Cierpiałem jako Syn, bo wiedziałem, jaki ból będzie musiała znosić moja Matka; znałem już Jej pragnienie pocieszenia mnie, którego nie będzie mogła zrealizować. Cierpiałem samotność w intencji Jej oraz wszystkich moich małych sprawiedliwych dusz na tym świecie. Cierpiałem jako Oblubieniec – za moją Oblubienicę Kościół oraz wszystkie jej dzieci, które z mojego powodu będą niezrozumiane, opuszczone i odrzucone. Cierpiałem także na wiele innych sposobów... Cierpiałem z powodu odrazy do wszystkich najbardziej złych i nieludzkich, ohydnych grzechów, jakie ludzkość popełniała lub będzie popełniać. Ofiarowywałem to cierpienie szczególnie w intencji moich najmniejszych, najsłabszych dzieci, które będą musiały znosić te okrucieństwa. Cierpiałem winę całej ludzkości, gdyż wiedziałem, co przyjąłem na siebie, biorąc jej grzechy na Krzyż. Cierpiałem również wiele natrętnych pokus, które napełniały mnie odrazą. Widziałem tak wiele, tak głęboko – w ciemności zaproszonej przez ludzki grzech, która tak bardzo rozpanoszyła się w dobrym świecie stworzonym przez mojego Ojca. Najbardziej zasmucało mnie to, że widziałem tak wiele moich dzieci, które się pogubią i odrzucą uzdrawiający dar mojej Miłości i przebaczenia. Widziałem tych wszystkich, którzy bez własnej winy oddalą się bardzo ode mnie i mojego Ojca – tylko dlatego, że nie poznali prawdy. Oni są ofiarą tak jak Ja, choć mnie nie znają. Potrzebuję w moim Kościele ludzi, którzy będą nieśli im moją Krew i Miłość ukrzyżowaną – moją Miłość zranioną, otwartą dla nich. Widziałem też całą nienawiść, ciemność i okrucieństwo, które mnie czekały, a chociaż moje Serce podporządkowało się woli Ojca w tym wszystkim, to jednak całe ciało, umysł, zmysły i emocje zdawały się wpadać w taki paniczny strach, że krew przenikała przez moją skórę, kapiąc na ziemię. Ten krwawy pot był nie tylko znakiem mojego cierpienia, ale także wielkiej Miłości. Moje Serce było przepełnione ogromną Miłością do wszystkich ludzi, którzy przechodzili kolejno przed mymi oczyma. Ponadto, byłem kuszony, aby uwierzyć, że całe moje wielkie cierpienie nic im nie pomoże... Jednak moje Serce walczyło usilnie, aby mówić „fiat" oraz wierzyć, ufać i kochać jeszcze bardziej. Moje Serce cielesne, przezwyciężając wszystkie inne zmysły, kochało tak bardzo, że oddawało z siebie krew jako pocałunek dla świata – jako obietnicę, że ofiaruje i przeleje wszystko, każdą ostatnią kroplę za tych, których kocham. Tamtej nocy moja Krew nie została zmarnowana. Przeciwnie, jej krople przemawiały z ziemi bardzo głośno, ku wszystkim pokoleniom, że Ja, Zbawiciel świata, miłuję moje dzieci i oddam wszystko – całego Siebie – aż po śmierć, aby ich grzechy zostały odpuszczone, a oni – doprowadzeni do mojego Ojca. Tamtej nocy moja Krew odpowiedziała z ziemi wszelkiemu złu, które wmawiało mi, że moja Miłość może nie zwyciężyć. Byłem bardzo słaby i zmęczony tą intensywną modlitwą, lecz mój Ojciec posłał anioła swojej Miłości, aby mnie wzmocnił. Bóg nie żądał ode mnie więcej, niż byłem w stanie fizycznie dla Niego uczynić. A anioł wzmocnił Moje ciało, aby mogło pomieścić cały ogrom Miłości płynącej z mojego Serca.

Dziecino moja, ty nie musisz spędzać nocy na tak intensywnej modlitwie jak Ja, bo już to dla ciebie uczyniłem. Ale możesz otworzyć swoje serce i życie, aby pozwolić mi modlić się za ciebie i w tobie. Nie musisz cierpieć jak Ja w Ogrójcu, ale pozwól mi cierpieć w tobie. To jest wielka różnica. Nie będziesz przeżywać swojego własnego krzyża, ale – zamiast tego – możesz pozwolić, aby moje Ciało, Serce, Duch i Miłość cierpiały w tobie. Przez ten mój ból przeżywany w tobie mogę uzdrowić i zbawić świat. Ja już wszystko wycierpiałem i umarłem dla zbawienia wszystkich. Jednak ty, przez twoje „fiat", uczynisz to cierpienie widzialnym dla innych ludzi, aby mogli je poznać, pokochać i otrzymać te wszystkie łaski, których pragnę im udzielić. Co ważniejsze, jeśli pozwolisz mi dzielić z tobą całe to cierpienie, będziemy w nim głęboko zjednoczeni. A wiem, że tego właśnie pragniesz jako ma umiłowana. Moje cierpienie w tobie przyniesie owoc, który pomoże całemu światu. Jednak nawet gdyby tak się nie stało, to twoje zjednoczenie ze mną w cierpieniu będzie wystarczającym owocem, aby wszystko, co tobie uczyniłem, „było tego warte". Zbawiłem bowiem twoją duszę na drodze Miłości Ukrzyżowanej. Teraz odpocznij i przyjmij wszystko to, co ci ukazałem, głęboko do serca, zachowując to w miłości. Amen.

Tak, błogosławię cię w twoim „miłosnym odpoczynku".

3. Zdrada Jezusa

„A Jezus wiedząc o wszystkim, co miało na Niego przyjść, wyszedł naprzeciw i rzekł do nich: «Kogo szukacie?» Odpowiedzieli Mu: «Jezusa z Nazaretu». Rzekł do nich Jezus: «Ja jestem». Również i Judasz, który Go wydał, stał między nimi. Skoro więc rzekł do nich: «Ja jestem», cofnęli się i upadli na ziemię."
(J 18, 4-6)

„Gdy On jeszcze mówił, oto nadszedł Judasz, jeden z Dwunastu, a z nim wielka zgraja z mieczami i kijami, od arcykapłanów i starszych ludu. Zdrajca zaś dał im taki znak: «Ten, którego pocałuję, to On; Jego pochwyćcie!». Zaraz też przystąpił do Jezusa, mówiąc: «Witaj Rabbi!», i pocałował Go. A Jezus rzekł do niego: «Przyjacielu, po coś przyszedł?» Wtedy podeszli, rzucili się na Jezusa i pochwycili Go."
(Mt 26, 47-50)

Z ciemności…

„Na to rzekł Jezus do Piotra: «Schowaj miecz do pochwy. Czyż nie mam pić kielicha, który Mi podał Ojciec?»"
(J 18, 11)

Jezus: „Pocałunek jest znakiem głębokiego uczucia. Kiedy więc mój ukochany uczeń użył tego miłosnego gestu, aby mnie zdradzić, moje Serce zapłakało – nie nade mną, ale nad moim przyjacielem, który pozwolił, aby oszustwo tak mocno pociągnęło do zła jego duszę. Ukrzyżowanie nie było winą Judasza, gdyż Żydzi już od dłuższego czasu planowali mnie zabić. Niestety, jego zdrada stała się grzechem, który potem tak mocno zawładnął jego sumieniem, że przypłacił to własnym życiem… Jakże pragnąłem, aby duma Judasza uniżyła się na tyle, by zechciał przeprosić, przyznać się do winy i przyjąć moją przebaczającą i uzdrawiającą Miłość. Jakże pragnąłem poprowadzić go aż do stóp mojego Krzyża, wraz z Janem, aby pokazać jak bardzo go kocham; aby ukazać całemu światu, jak wielkie jest moje przebaczenie. Ale Judasz nie pozwolił mi kochać się w ten sposób, co zasmuciło moje Serce bardziej niż wszystko inne. Ja, jako Zbawiciel, pragnąłem, aby Judasz stanął skruszony pod moim Krzyżem. Nie sądź nigdy, że gardziłem nim za to, co uczynił. Nie, Ja zawsze kochałem moich prześladowców, a szczególnie tego mojego apostoła. Moje największe cierpienie z powodu jego zdrady nie było spowodowane tym, że moja Miłość została odrzucona i w ten sposób poczułem się zraniony. Nie, największy ból sprawiło mi to, że Judasz w swojej słabości i dumie odrzucił moją Miłość i w ten sposób potępił samego siebie. Nie powiem ci, co stało się z duszą Judasza, ale chcę ci wytłumaczyć, jak bardzo trudno jest uratować człowieka, który sam siebie potępia, bo nie czuje się zdolny do przyjęcia przebaczającej Miłości lub ją sam odrzuca. Nad tymi najciemniejszymi duszami lituję się najbardziej. I proszę cię, abyś litowała się nad nimi razem ze mną. W tę ciemną noc byłem świadomy drogi, która była przede mną, a mój Ojciec dał mi siłę, abym szedł naprzód, wypełniając Jego wolę w Miłości. Jednak największą boleść sprawiali mojej duszy wszyscy ci zabłąkani bracia, którzy pojawili się przede mną w tamtym momencie w Ogrójcu. Byli tak owładnięci diabelskimi kłamstwami i nienawiścią, że nie potrafili dostrzec Prawdy mojej Miłości. A jednak kochałem tych ludzi głęboko i zważałem na każde moje słowo i gest – ufając, że może przez swoje własne okrucieństwo wobec mnie uświadomią sobie swój błąd i przyjmą moją przebaczającą Miłość. Umarłem z Miłości do nich, aby każdego z nich ocalić od wiecznego potępienia. Proszę, kochajcie swoich prześladowców – tych, którzy niszczą moje życie i Miłość w was – z taką samą siłą łagodnej Miłości, jaką Ja okazałem Judaszowi tamtej nocy.

Jak już powiedziałem, postępek Judasza nie był przyczyną mojej śmierci. Nie spowodowali tego również Żydzi, którzy przecież tak bardzo pragnęli mej zagłady, że sami ją zaplanowali. Jednak to Ja sam dobrowolnie złożyłem moje życie w ofierze Miłości, pozwalając, aby grzechy całego świata przygniotły mnie i zabiły. Pozwoliłem na to wszystko, aby moja Miłość mogła zatriumfować i uzdrowić tych, którzy mnie zabili. Dlatego proszę: pozwól, aby moje przebaczenie żyło głęboko w tobie. Proszę, kochaj i opłakuj tych, którzy krzyżują mnie w tobie. Niech twoje łzy mojej przebaczającej Miłości przemienią ich serca i ostatecznie doprowadzą do ich zbawienia. Błogosławię cię moim pękniętym Sercem, z którego otrzymasz potrzebną siłę, pokorę i miłość, aby żyć moją miłosierną Miłością. Amen."

4. Sąd nad Jezusem

„Dręczono Go, lecz sam się dał gnębić, nawet nie otworzył ust swoich. Jak baranek na rzeź prowadzony, jak owca niema wobec strzygących ją, tak On nie otworzył ust swoich."
(Iz 53, 7)

„I niektórzy zaczęli pluć na Niego; zakrywali Mu twarz, policzkowali Go i mówili: «Prorokuj!» Także słudzy bili Go pięściami po twarzy."
(Mk 14, 65)

„Lecz Jezus milczał."

Męka, Krzyż i Śmierć Pana Jezusa

(Mt 26, 63)

„A najwyższy kapłan rzekł do Niego: «Poprzysięgam Cię na Boga żywego, powiedz nam: Czy Ty jesteś Mesjasz, Syn Boży?» Jezus mu odpowiedział: «Tak, Ja Nim jestem. Ale powiadam wam: Odtąd ujrzycie Syna Człowieczego, siedzącego po prawicy Wszechmocnego, i nadchodzącego na obłokach niebieskich»."
(Mt 26, 63-64)

„Jezusa zaś stawiono przed namiestnikiem. Namiestnik zadał Mu pytanie: «Czy Ty jesteś królem żydowskim?» Jezus odpowiedział: «Tak, Ja nim jestem»."
(Mt 27, 11)

„On jednak nie odpowiedział mu na żadne pytanie, tak że namiestnik bardzo się dziwił."
(Mt 27, 14)

„Rzekli: «Jeśli Ty jesteś Mesjasz, powiedz nam!» On im odrzekł: «Jeśli wam powiem, nie uwierzycie Mi."
(Łk 22, 67)

„Zasypał Go też wieloma pytaniami, lecz Jezus nic mu nie odpowiedział."

Z ciemności…

(Łk 23, 9)

„Arcykapłan więc zapytał Jezusa o Jego uczniów i o Jego naukę. Jezus mu odpowiedział: «Ja przemawiałem jawnie przed światem. Uczyłem zawsze w synagodze i w świątyni, gdzie się gromadzą wszyscy Żydzi. Potajemnie zaś nie uczyłem niczego. Dlaczego Mnie pytasz? Zapytaj tych, którzy słyszeli, co im mówiłem. Oto oni wiedzą, co powiedziałem». Gdy to powiedział, jeden ze sług obok stojących spoliczkował Jezusa, mówiąc: «Tak odpowiadasz arcykapłanowi?» Odrzekł mu Jezus: «Jeżeli źle powiedziałem, udowodnij, co było złego. A jeżeli dobrze, to dlaczego Mnie bijesz?» Następnie Annasz wysłał Go związanego do arcykapłana Kajfasza."
(J 18, 19-23)

„Wtedy powtórnie wszedł Piłat do pretorium, a przywoławszy Jezusa rzekł do Niego: «Czy Ty jesteś Królem Żydowskim?» Jezus odpowiedział: «Czy to mówisz od siebie, czy też inni powiedzieli ci o Mnie?» Piłat odparł: «Czy ja jestem Żydem? Naród Twój i arcykapłani wydali mi Ciebie. Coś uczynił?» Odpowiedział Jezus: «Królestwo moje nie jest z tego świata. Gdyby królestwo moje było z tego świata, słudzy moi biliby się, abym nie został wydany Żydom. Teraz zaś królestwo moje nie jest stąd». Piłat

zatem powiedział do Niego: «A więc jesteś królem?» Odpowiedział Jezus: «Tak, jestem królem. Ja się na to narodziłem i na to przyszedłem na świat, aby dać świadectwo prawdzie. Każdy, kto jest z prawdy, słucha mojego głosu»."
(J 18, 33-37)

Jezus: „Sąd nade mną był czymś, co przeżyłem bardzo głęboko. Był to czas mojego szczególnego cierpienia dotyczącego relacji z ludźmi. Znałem dobrze serca osób, które widziałem przed sobą – tych, którzy mnie osądzali i tych, którzy na to patrzyli; tak bardzo pragnęłam wtedy dać im świadectwo niewinności Prawdy. Wiedziałam, że moja śmierć jest nieunikniona oraz że została już postanowiona przez mojego Ojca i przeze mnie, aby zbawić rodzaj ludzki. Jednak celem tych przesłuchań sądowych, oprócz pogrążenia w smutku mego ludzkiego Serca i przysporzenia mi jeszcze większych cierpień, było także złożenie ofiary za tych, którzy mnie oskarżali. Mogłem przecież odpowiedzieć na ich zarzuty dokładnie tak, jak chcieli, aby od razu zrealizowali swój plan uśmiercenia mnie. Ale Ja czekałem w milczeniu, nawołując moją cichą, nieporuszoną Miłością ich serca, aby w końcu się otworzyły i zostały wyrwane z pychy, a moja Prawda mogła się wypełnić. W mojej Męce musiałem cierpieć za wszystkich ludzi wszystkich wieków, a więc nie chciałem zapomnieć też o bólu osób niesprawiedliwie osądzanych – tych oskarżonych, którzy będą uwikłani w sieć podstępnych pytań zła. Pragnęłam cierpliwie cierpieć za tych, którzy są przekonani, że przeżywają swoje prześladowania samotnie. Chciałem wypić do dna ten kielich, który ofiarował mi mój Ojciec, pozwalając, aby i to cierpienie przeszyło moją duszę. Ludzie, których przyszedłem zbawić, odrzucili mnie. Ich serca tego nie zrozumiały, bo - odsuwając się od Miłości - odsunęli się zarazem od mojej Mądrości, która mogła pomóc im pojąć wielkość wydarzeń, które się przed nimi rozgrywały.

Proszę, droga duszo, rozmyślaj nad moją wyśmianą Miłością. Proszę, wniknij głęboko w te słowa - pozwól mi je otworzyć przed tobą i wcielić w twoje życie. Jesteś bowiem wezwana do tego, aby żyć i przyjmować osądy innych wobec ciebie z tą samą, co moja Miłością. Miłością cierpliwą, miłosierną i przebaczającą, odpowiadając tylko wtedy, gdy Duch Święty nakaże. A Ja błogosławię cię w twojej „osądzanej" miłości oraz w mojej Miłości, która często będzie osądzana w twoim życiu. Amen."

SĄD NAD JEZUSEM

Jezus: „Ja byłem Słowem, a oni mnie odrzucili. Wiedziałem, że tym bardziej odrzucą więc moje słowa, czyli odbicie tego, Kim jestem. Ja byłem Prawdą, a oni mnie znienawidzili. O ileż bardziej więc znienawidziliby i odrzucili moje słowa pełne prawdy, które odzwierciedlały moją istotę? Jeśli bowiem odrzucili drzewo, odrzuciliby i owoc. Nie mówiłem więc zbyt wiele, będąc osądzany i oskarżany u Annasza, Kajfasza czy Heroda. Nie próbowałem wyjaśniać im ani Kim jestem ani jakie jest moje przesłanie Miłości. Ich serca nie były otwarte, więc nie mogły przyjąć moich wyjaśnień. Moje usta były zamknięte z powodu mojego miłosierdzia. To właśnie miłosierdzie, a nie ich zatwardziałe serca, było przyczyną mojego milczenia. Umiłowałem swoich prześladowców. Kochałem tych, którzy wystawiali mnie na próbę, przesłuchiwali i bili. Wiedziałem, że tylko gdy zamilknę, mają oni szansę usłyszeć echo nienawiści własnego serca - echo ich grzechu. Milczenie jest językiem Ducha Świętego i obecnością mojej Miłości. Duch Święty musiał przyjść, aby im to pokazać i przekonać ich o grzechu. Dopiero gdyby zobaczyli swój grzech i żałowali za niego, mogliby otrzymać lub zrozumieć moje wyjaśnienia oraz rozpoznać prawdę w moich odpowiedziach. Prawda jest bowiem moją obecnością. A ja mogę być obecny tylko w duszy, która jest bez grzechu. Bardzo mnie bolało, że nie mogłem przyjść do ich serc w swojej Miłości Miłosiernej, oświecając ich, ukazując im prawdę, prowadząc do Ojca. Jakże pragnąłem przyprowadzić moich prześladowców z powrotem do domu Boga. Ale oni Go nie chcieli, tak jak nie chcieli mnie. To, Kim byłem, przemawiało przez moje milczenie głośniej niż mogłyby to uczynić słowa. To dzięki mojemu zjednoczeniu z Ojcem przeszedłem przez te chwile. Pozwoliłem, by On odpowiadał za mnie, a tą odpowiedzią była Jego Miłość do nich - przeze mnie. Boża odpowiedź na ich pytania miała nadejść, ale w Jego czasie i na Jego sposób, a nie ich. Bożą odpowiedzią miała być moja śmierć i zmartwychwstanie. Jednak nawet tej odpowiedzi wielu nie mogło otrzymać, dopóki nie zesłałem swojego Ducha w dniu Pięćdziesiątnicy; mój Duch miał oświecić i oczyścić ich serca z grzechu, aby mogli spojrzeć wstecz i otrzymać odpowiedź na pytanie „kim byłem" - przez moją śmierć i zmartwychwstanie. Kiedy odpowiadałem na pytania moich oskarżycieli, nie mówiłem po to, by od razu mogli zrozumieć. Odpowiadałem, aby dać świadectwo Prawdzie. Prawda przynosi Światło, Miłość i Wiarę.

Tak samo i ty, dziecię moje, zostaniesz wielokrotnie poddana próbie ludzkich osądów. Nie lękaj się. Ja jestem z tobą w tych sytuacjach i daję ci łaskę, abyś mogła to znieść dzięki moim własnym niepojętym cierpieniom, które znosiłem podczas sądu przed moją śmiercią. Zawsze musisz odpowiadać i świadczyć o Prawdzie. Wielu jednak nie zrozumie tej Prawdy w tobie, tak jak nie zrozumieli mnie. Dzieje się tak dlatego, że ludzie bardziej pragną rozumieć niż kochać. Ty masz ich wzywać do miłości, a gdy będą kochać przez mojego Ducha Miłości obecnego w nich, zaczną rozumieć. Zrozumienie Prawdy jest darem Ducha Świętego. Ludzie muszą jednak najpierw otworzyć swoje serca na Boga, w miłości. Ty zaś słuchaj Ducha Świętego i miej czujne serce, zawsze spoczywające w Nim - szczególnie w czasie prześladowań i prób. Słuchaj i bądź posłuszna. Jeśli On daje ci słowa, mów. Jeśli jednak On sam pragnie cię bronić - milcz i pozwól Mu przemawiać do serc innych ludzi. Zawsze spoczywaj w Nim. Wtedy całe twoje życie będzie świadczyć o Prawdzie. Inne osoby będą mogły znaleźć swoje odpowiedzi w Prawdzie mojego życia i Miłości poprzez twoje życie. Jeśli jednak nie przyjmą świadectwa twojego postępowania, które naśladuje Ewangelię i moje przykazania, to odrzucą również i twoje słowa. Jeśli zaś otworzą się ich oczy i zobaczą w tobie moje życie i przyjmą je, to przyjmą także i twoje słowa. Będą to moje słowa skierowane do nich przez ciebie – a moim słowem skierowanym do ich życia będzie miłosierdzie. Żyj miłosierdziem. Módl się o miłosierdzie dla siebie i całego świata, szczególnie dla tych, którzy cię prześladują. Wtedy moje miłosierdzie w tobie dotknie i nawróci świat. Miłosierdzie to najgłębsza potrzeba świata. Proszę, abyś dała je światu poprzez przykład swojego życia, a także przez słowa i obecność – w zjednoczeniu z moją wolą i wolą mojego Ojca. Jeśli będziesz Mu posłuszna, On przyciągnie cię do siebie przeze mnie i nie będziesz już miała czego się obawiać. Odpocznij we mnie i przyjmij łaski, których ci teraz udzielam, abyś i ty uczestniczyła w tym moim cierpieniu.

Ludzie bardziej kochają dźwięk własnego głosu (w poszukiwaniu odpowiedzi na wiele pytań), niż mnie samego. Szukanie zrozumienia nie jest złe, bo rozum jest darem Bożym. Ale ludzie powinni bardziej kochać mnie, niż starać się rozumieć. Ja jestem Prawdą i tylko przez wiarę we mnie – Prawdę – otrzymają mądrość, zrozumienie i prawdziwe odpowiedzi. Ludzie muszą mnie pokochać, aby mnie przyjąć. Tak samo powinni kochać Prawdę i jej pragnąć, aby ją przyjąć. To nie jest coś, czego człowiek może się podjąć i zrobić sam. Wszystko jest darem mojego Ojca, nawet rozum, mądrość i Prawda. A wszystko to przychodzi przeze mnie. *„Wszystko przez Nie się stało, a bez Niego nic się nie stało, co się stało"* (J 1, 3). Ludzie muszą mnie szukać (bez egoistycznych intencji), aby móc otrzymać odpowiedzi, których pragną. O duszo, kochaj ich i pomóż im kochać mnie przez twoje świadectwo życia w zjednoczeniu ze mną. W ten sposób patrzący na ciebie ludzie otrzymają odpowiedzi na wszystkie swoje pytania. Otrzymają mnie – Prawdę Wcieloną."

5. Zaparcie się Piotra

„Wówczas Jezus rzekł do nich: «Wy wszyscy zwątpicie we Mnie tej nocy. Bo jest napisane: Uderzę pasterza, a rozproszą się owce stada. Lecz gdy powstanę, uprzedzę was do Galilei». Odpowiedział Mu Piotr: «Choćby wszyscy zwątpili w Ciebie, ja nigdy nie zwątpię». Jezus mu rzekł: «Zaprawdę, powiadam ci: Jeszcze tej nocy, zanim kogut zapieje, trzy razy się Mnie wyprzesz». Na to Piotr: «Choćby mi przyszło umrzeć z Tobą, nie wyprę się Ciebie». Podobnie zapewniali wszyscy uczniowie."
(Mt 26, 31-35)

Męka, Krzyż i Śmierć Pana Jezusa

„Rzekł do Piotra: «Szymonie, śpisz? Jednej godziny nie mogłeś czuwać? Czuwajcie i módlcie się, abyście nie ulegli pokusie; duch wprawdzie ochoczy, ale ciało słabe»."
(Mk 14, 37b-38)

„Piotr zaś siedział na zewnątrz na dziedzińcu. Podeszła do niego jedna służąca i rzekła: «I ty byłeś z Galilejczykiem Jezusem». Lecz on zaprzeczył temu wobec wszystkich i rzekł: «Nie wiem, co mówisz». A gdy wyszedł ku bramie, zauważyła go inna i rzekła do tych, co tam byli: «Ten był z Jezusem Nazarejczykiem». I znowu zaprzeczył pod przysięgą: «Nie znam tego Człowieka». Po chwili ci, którzy tam stali, zbliżyli się i rzekli do Piotra: «Na pewno i ty jesteś jednym z nich, bo i twoja mowa cię zdradza». Wtedy począł się zaklinać i przysięgać: «Nie znam tego Człowieka». I w tej chwili kogut zapiał. Wspomniał Piotr na słowo Jezusa, który mu powiedział: «Zanim kogut zapieje, trzy razy się Mnie wyprzesz». Wyszedł na zewnątrz i gorzko zapłakał."
(Mt 26, 69-75)

„Na to rzekł Mu Piotr: «Choćby wszyscy zwątpili, ale nie ja!» Odpowiedział mu Jezus: «Zaprawdę, powiadam ci: dzisiaj, tej nocy, zanim kogut dwa razy

zapieje, ty trzy razy się Mnie wyprzesz». Lecz on tym bardziej zapewniał: «Choćby mi przyszło umrzeć z Tobą, nie wyprę się Ciebie»."
(Mk 14, 29-31a)

„Kiedy Piotr był na dole na dziedzińcu, przyszła jedna ze służących najwyższego kapłana. Zobaczywszy Piotra grzejącego się [przy ogniu], przypatrzyła mu się i rzekła: «I tyś był z Nazarejczykiem Jezusem». Lecz on zaprzeczył temu, mówiąc: «Nie wiem i nie rozumiem, co mówisz». I wyszedł na zewnątrz do przedsionka, a kogut zapiał. Służąca, widząc go, znowu zaczęła mówić do tych, którzy tam stali: «To jest jeden z nich». A on ponownie zaprzeczył. Po chwili ci, którzy tam stali, mówili znowu do Piotra: «Na pewno jesteś jednym z nich, jesteś także Galilejczykiem». Lecz on począł się zaklinać i przysięgać: «Nie znam tego człowieka, o którym mówicie». I w tej chwili kogut powtórnie zapiał. Wspomniał Piotr na słowa, które mu powiedział Jezus: «Pierwej, nim kogut dwa razy zapieje, trzy razy Mnie się wyprzesz». I wybuchnął płaczem."
(Mk 14, 66-72)

„On zaś rzekł: «Panie, z Tobą gotów jestem iść nawet do więzienia i na śmierć». Lecz Jezus odrzekł:

«Powiadam ci, Piotrze, nie zapieje dziś kogut, a ty trzy razy wyprzesz się tego, że Mnie znasz».''
(Łk 22, 33-34)

„Schwycili Go więc, poprowadzili i zawiedli do domu najwyższego kapłana. A Piotr szedł z daleka. Gdy rozniecili ogień na środku dziedzińca i zasiedli wkoło, Piotr usiadł także między nimi. A jakaś służąca, zobaczywszy go siedzącego przy ogniu, przyjrzała mu się uważnie i rzekła: «I ten był razem z Nim». Lecz on zaprzeczył temu, mówiąc: «Nie znam Go, kobieto». Po chwili zobaczył go ktoś inny i rzekł: «I ty jesteś jednym z nich». Piotr odrzekł: «Człowieku, nie jestem». Po upływie prawie godziny jeszcze ktoś inny począł zawzięcie twierdzić: «Na pewno i ten był razem z Nim; jest przecież Galilejczykiem». Piotr zaś rzekł: «Człowieku, nie wiem, co mówisz». I w tej chwili, gdy on jeszcze mówił, kogut zapiał. A Pan obrócił się i spojrzał na Piotra. Wspomniał Piotr na słowo Pana, jak mu powiedział: «Dziś, zanim kogut zapieje, trzy razy się Mnie wyprzesz». Wyszedł na zewnątrz i gorzko zapłakał. Tymczasem ludzie, którzy pilnowali Jezusa, naigrawali się z Niego i bili Go.''
(Łk 22, 54-63)

„Dzieci, jeszcze krótko jestem z wami. Będziecie Mnie szukać, ale – jak to Żydom powiedziałem, tak i teraz wam mówię – dokąd Ja idę, wy pójść nie możecie. Przykazanie nowe daję wam, abyście się wzajemnie miłowali tak, jak Ja was umiłowałem; żebyście i wy tak się miłowali wzajemnie. Po tym wszyscy poznają, żeście uczniami moimi, jeśli będziecie się wzajemnie miłowali». Rzekł do Niego Szymon Piotr: «Panie, dokąd idziesz?» Odpowiedział mu Jezus: «Dokąd Ja idę, ty teraz za Mną pójść nie możesz, ale później pójdziesz». Powiedział Mu Piotr: «Panie, dlaczego teraz nie mogę pójść za Tobą? Życie moje oddam za Ciebie». Odpowiedział Jezus: «Życie swoje oddasz za Mnie? Zaprawdę, zaprawdę, powiadam ci: Kogut nie zapieje, aż ty trzy razy się Mnie wyprzesz."
(J 13, 33-38)

„A szedł za Jezusem Szymon Piotr razem z innym uczniem. Uczeń ten był znany arcykapłanowi i dlatego wszedł za Jezusem na dziedziniec arcykapłana, podczas gdy Piotr zatrzymał się przed bramą na zewnątrz. Wszedł więc ów drugi uczeń, znany arcykapłanowi, pomówił z odźwierną i wprowadził Piotra do środka. A służąca odźwierna rzekła do Piotra: «Czy może i ty jesteś jednym spośród uczniów tego człowieka?» On odpowiedział:

Męka, Krzyż i Śmierć Pana Jezusa

«Nie jestem». A ponieważ było zimno, strażnicy i słudzy rozpaliwszy ognisko stali przy nim i grzali się. Wśród nich stał także Piotr i grzał się [przy ogniu]. (…) A Szymon Piotr stał i grzał się [przy ogniu]. Powiedzieli wówczas do niego: «Czy i ty nie jesteś jednym z Jego uczniów?» On zaprzeczył mówiąc: «Nie jestem». Jeden ze sług arcykapłana, krewny tego, któremu Piotr odciął ucho, rzekł: «Czyż nie ciebie widziałem razem z Nim w ogrodzie?» Piotr znowu zaprzeczył i natychmiast kogut zapiał."
(J 18, 15-18.)

Jezus: „Piotr, jeden z moich pierwszych uczniów, był bardzo mocny duchem. On sam miał tę świadomość… i w tym leżała jego słabość. Nie miał pokory Jana czy mojej Matki, dlatego zaparł się mnie, a potem nie był w stanie przyjść pod mój Krzyż. To właśnie dzięki pokorze Ja mogę być silny w Miłości do ciebie, droga duszo. Piotr miał przewodzić mojemu Kościołowi, ale do takiego zadania potrzebna jest wielka pokora. Powinien był rozpoznać kruchą słabość swego ciała i serca, aby mi je oddać i pozwolić, by działała przez nie moja siła i Miłość. W taki właśnie sposób, za jego pośrednictwem, chciałem prowadzić mój Kościół. Pozwoliłem Piotrowi upaść, abym mógł uczynić go silnym w Miłości. Moje lekarstwo na jego grzech miało uczynić go świętszym i silniejszym, niż gdyby w ogóle nie upadł. Pozwoliłem mu ulec słabości jako przykład dla innych oraz jako znak mojego głębokiego przebaczenia, które ofiarowałem Piotrowi w prostym spojrzeniu – zaraz po tym, jak się mnie zaparł. Ach, to jedno spojrzenie Miłości zawierało niezgłębione miłosierdzie nie tylko dla mego ucznia, ale i dla wszystkich umiłowanych przeze mnie ludzi, którzy w swej słabości zapierają się mnie, raniąc moją Duszę. Gdyby w tamtej chwili Piotr przyjął w pełni moje miłosierdzie, może by i gorzko zapłakał, ale potem pozostałby przy mnie do końca. Niestety, dumny i przestraszony, uciekł ze wstydem, zostawiając swojego zranionego Uzdrowiciela samego. Jakże kochałem Piotra. Moje Serce przeszył wielki ból na widok jego rany. Potem miałem ją uzdrowić mocą swojej Miłości. To była moja pierwsza lekcja dla Piotra.

Proszę cię, duszo umiłowana, abyś zawsze przyjmowała do swego serca dar mojej pokory. Ceń ją. Kiedy poznajesz i oddajesz mi swoją słabość, szukając zarazem siły we mnie, Ja mogę ci pomóc. Mój drogi Piotr myślał, że może stanąć w obronie mnie – Boga. A wystarczyło tylko poprosić moją Miłość, aby obroniła go przed jego własną słabością. Tak właśnie powinien był zrobić po swoim upadku.

To prowadzi do drugiej tajemnicy, którą pragnę przed tobą odkryć na podstawie tego wydarzenia. Gdzie patrzył Piotr w czasie mojej Męki? Jego wzrok kierował się w stronę tych, którzy go otaczali i przepytywali. A broniąc się, niepotrzebnie patrzył także na siebie. Kiedy zaś po upadku spojrzał na mnie, zobaczył, że nadal go kocham i zrozumiał co uczynił, odrzucając tę Miłość, która miała być pomocą dla jego słabego serca. Płakał, bo uświadomił wtedy sobie, jak bardzo mnie potrzebuje, a tymczasem Ja byłem już prowadzony na śmierć... Wiara Piotra nie była jeszcze na tyle dojrzała, by mógł zrozumieć, że to moja śmierć przyniesie mu tę pełną Miłości pomoc, której potrzebowało jego słabe serce. Tak, mój Piotr ciągle się uczył...

Dziecię moje, zawsze patrz na mnie, zwłaszcza kiedy jesteś sądzona z mego powodu. Ja, skazany Zbawiciel, jestem twoim Mistrzem-Pasterzem i zawsze przyjdę z pomocą, aby umocnić cię w mojej Miłości.

Kiedy po raz pierwszy przepowiedziałem Piotrowi jego upadek (dałem mu ostrzeżenie, aby mógł się przygotować w modlitwie na czekającą go walkę), było to po moim przemówieniu na temat Miłości. Powiedziałem mu, że to dzięki Miłości ludzie rozpoznają go jako jednego z moich uczniów. I to właśnie wielka miłość Piotra do mnie doprowadziła go do domu najwyższego kapłana, a potem sprawiła, że został rozpoznany. To właśnie miłość go wydała... Jednak ta sama miłość, która rosła w jego sercu i która była prawdziwie moją Miłością, mogłaby go uratować od upadku, gdyby nie było jej tak mało w jego sercu. Człowiek musi oddać całego siebie dla Miłości - inaczej jego miłość umrze. Tak stało się z moim „drugim umiłowanym" uczniem - jego miłość przygasła i wtedy się mnie wyparł. Ja jednak bardzo miłowałem Piotra, nawet w tej jego słabości, ponieważ był tak prawy, że po upadku od razu uznał swoją winę. Piotr zrobił to, co ja, gdy upadłem na Drodze Krzyżowej: podniósł się i poszedł dalej. Spojrzał na mnie, na moją Miłość, aby znaleźć odpowiedź. A ja przez to jedno moje spojrzenie zdołałem rozżarzyć i na nowo rozpalić jego miłość – do łez – tak bardzo, że Piotr gorzko pożałował swego czynu. Zapłakał z żalu nade mną, który tak bardzo potrzebowałem miłości oraz nad swoim słabym sercem, które nie potrafiło jej dać. Potem, gdy wszystko się dokonało, Piotr dojrzał, pozwalając mojej Miłości, aby wniknęła w niego, uzdrowiła go i wypełniła. Ostatecznie sam stał się ogniem mojej Miłości w świecie, prowadząc mój pierwotny Kościół i niosąc moje Światło w sobie.

Proszę cię, dziecino moja, abyś kochała mnie gorącą miłością – tym wszystkim, co masz i czym jesteś, aby twoja miłość nie osłabła ani nie wygasła. Co więcej, proszę cię, abyś pozwoliła mnie samemu dokonać tego dzieła w tobie; moja Miłość pragnie wziąć ciebie całą na własność i napełnić cię źródłem płynącym z mojego Serca. Moja Miłość w tobie musi być żarliwa – inaczej zginiesz na drodze krzyżowej, którą chcę pójść razem z tobą. Powiedz po prostu „fiat" i przyjmij w zaufaniu mnie całego oraz moją Miłość, w jakkolwiek sposób pragnę ci ją ofiarować. Tak jak nie odczuwałem przykrości z powodu słabości Piotra, tak samo nie gniewam się twoimi niedoskonałościami. Twoja małość i niezdolność do miłości nie rozczarowuje mnie, ani nie obraża. Ważne jest to, co z tą słabością zrobisz. Proszę cię, abyś uczyła się od swego brata Piotra, bo dzielisz jego ognistego ducha i siłę. Nigdy jednak na tym nie polegaj. Musisz być zawsze świadoma swojej wielkiej ludzkiej ułomności; powinnaś nieustannie przynosić tę słabość do światła mojego Kościoła, prosząc o moją uzdrawiającą Miłość i siłę, która może cię uzdrowić i unieść. Gdy będziesz bronić się przed ludzkimi oskarżeniami, zawsze patrz na mnie i na moją Miłość, zamiast na świat wokół ciebie lub na siebie samą. Nigdy nie będziesz sądzona ze względu na swoją osobę, bo sama z siebie nie jesteś wystarczająco ważna, aby być sądzona. Ale często będziesz oskarżana z mego powodu; w tych chwilach pozwól mojej Miłości odpowiadać za ciebie. Pomyśl, co mogłoby się wydarzyć, gdyby Piotr, zanim się Mnie zaparł, poszukał siły w mojej Miłości. Mógłbym stanąć po jego stronie i z pewnością obroniłbym go, odpowiadając na zarzuty. Albowiem Ja jestem Dobrym Pasterzem – zawsze gotowym, by ratować swoje najmniejsze owieczki. Chociaż Piotr myślał, że jest silny, to w moich ramionach był tak bardzo, bardzo mały. Ucz się od mego apostoła i naśladuj jego spojrzenie zwrócone w moim kierunku. Pamiętaj tylko, abyś czyniła to w swoim życiu zawsze i konsekwentnie, a nie będziesz musiała uczyć się na swoich upadkach. Przyznaj w pokorze, że bardzo Mnie potrzebujesz, nawet w tej mojej prześladowanej słabości, a zwłaszcza w mojej wyśmianej, cierpiącej Miłości – Ja będę twoją siłą.

Kocham cię, moja mała umiłowana oblubienico i błogosławię cię w tej ostatniej lekcji mojego Serca. Trwaj i czuwaj oraz módl się ze mną w nocy swojego Krzyża, a Ja dam ci słodki odpoczynek w mojej łasce i Miłości, aby cię umocnić i zanieść do Domu. Amen."

6. Biczowanie Pana Jezusa

„Wówczas Piłat wziął Jezusa i kazał Go ubiczować."
(J 19, 1)

„Każę Go więc wychłostać..."
(Łk 23, 16a)

„...Jezusa zaś kazał ubiczować..."
(Mk 15, 15b; Mt 27, 26b)

„Lecz On był przebity za nasze grzechy, zdruzgotany
za nasze winy. Spadła Nań chłosta zbawienna dla nas,
a w Jego ranach jest nasze zdrowie."
(Iz 53, 5)

Jezus: **„Moje biczowanie miało podwójne znaczenie. Chcę ci to teraz wyjaśnić. Nie zrozumiesz jednak głębi mego cierpienia podczas biczowania, dopóki sama nie wejdziesz w te cielesne i duchowe rany. Musisz po prostu pozwolić mi, abym to Ja cię w nie wprowadził. Słowa, które ci teraz daję, pomogą ci wejść w te tajemnice, ale moja Miłość** poprowadzi cię o wiele głębiej niż słowa, otwierając przed tobą coraz to nowe mroki mej cierpiącej Miłości.

Pierwszym wielkim bólem podczas biczowania była moja nagość. Żołnierze rozebrali mnie, aby ze mnie szydzić, a następnie bić. Stałem otwarty i nagi przed wszystkimi ludźmi, aby przyjąć wszelkie nadużycia i grzechy popełnione względem mojej duszy i ciała. Moje Serce i ciało zostały obnażone, bo pozwoliłem na to – aby móc w pełni kochać. Potem nałożyli mi więzy. Ja, który byłem Panem oraz Stworzycielem nieba i ziemi, pozwoliłem na to, by moje stworzenie mnie związało. A umiłowałem je mimo całej jego grzeszności. Proszę cię, duszo umiłowana, abyś żyła tym moim przykładem pokory. Zanim oprawcy przywiązali mnie do słupa, ich myśli i słowa już przebiły moje Serce. Byłem ubiczowany przez obojętność i okrucieństwo ich serc, zanim jeszcze bicze dotknęły me ciało. Gdy zaś narzędzia tortur zostały wymierzone we mnie, ból przeszył całe moje istnienie. Kawałki ciała i strugi krwi były wszędzie. A ja bolałem nad tym, że mój łagodny duch Miłości nie był w stanie przebić się do ich serc – nie mogłem nic uczynić, aby ich uzdrowić, jak tylko wypić cały kielich, który dał mi mój Ojciec. To była moja pierwsza ofiara Eucharystyczna, a jednocześnie – wielkie zbezczeszczenie mojego daru Miłości.

Jak już ci powiedziałem, biczowanie miało podwójne znaczenie. Pierwsze dotyczyło oddzielenia od mego Ojca. Moje ciało zostało odarte z boskiego daru piękna, a przykryte ranami ludzkiego grzechu. Każdy pojedynczy cios, raniący me ciało, przynosił ze sobą jeszcze głębszą ranę, którą było ciemne oślepienie mojej duszy na Miłość Ojca. Każda rana, którą znosiłem dla ludzkości, była jak wielki grzech plamiący moją niewinność. Gdy wziąłem na siebie grzech człowieka, zostałem w widoczny sposób oddzielony od Miłości mojego Ojca. Ten ogrom grzechu i dręczące mnie ciemności coraz bardziej zaciemniały obraz Bożej Miłości w mojej Duszy, w miarę jak przyjmowałem każdą ranę głęboko do mojego Serca. Jednak Miłość mojego Ojca, całkowicie niewidoczna dla mnie od tamtej chwili, podtrzymywała Mnie mimo wszystko nadal, jako że byliśmy zjednoczeni w moim posłusznym „fiat". Ta bolesna utrata możliwości widzenia Bożej Miłości miała pomóc tym ludziom, którzy nie będą mieć dostępu do mojej Prawdy i Miłości oraz tym wszystkim, którzy będą przechodzić przez wielką noc wiary. Doświadczona przeze mnie „ślepota" na Miłość Ojca (z chwilą gdy przytłoczył mnie grzech człowieka) miała wyjść ode mnie jako Światło, aby uzdrowić świat i całe stworzenie – od mistyków po największych grzeszników. Wszelka ciemność zaczęła się więc od biczowania. Moja uzdrawiająca Miłość dotykała jednak także tych, którzy mnie biczowali, bo ich również ukochałem całym Sercem. Jak mówi prorok Ozeasz, ci ludzie, którzy mnie zranili oraz zostali uzdrowieni dzięki moim ranom, „nie rozumieli, że troszczyłem się o nich" (Oz 11, 3c).

Drugie wielkie znaczenie mojego biczowania dotyczyło skalanej niewinności. Matki stały ze swoimi dziećmi podczas całej mojej Męki, a Ja byłem zdruzgotany widząc, jak niewinność tych dzieci była niszczona przez grzech, który je otaczał. Wtedy, w czasie biczowania, Ja również byłem skalany grzechem pochodzącym z ludzkich serc, gdyż zawsze miałem czyste Serce dziecka. W tych chwilach, kiedy moje ciało doznawało przeszywającego bólu, moje Serce było zwrócone ku wszystkim dzieciom świata, których niewinność będzie skalana grzechem. Jak bardzo za nie cierpiałem... Te cząstki mojego Ciała i Krwi, które odrywały się ode mnie podczas biczowania, były małą ofiarą Eucharystyczną za moich maluczkich. O jakże modliłem się, aby ich sercom zostały oszczędzone te męczarnie pokus, które znosiłem w mym niewinnym cierpieniu. Modliłem się, aby te osoby potrafiły kiedyś przebaczyć swoim prześladowcom oraz by odnalazły uzdrowienie swojej skalanej niewinności w mojej Krwi oraz w mej cichej, łagodnej Miłości... Amen."

7. Włożenie korony cierniowej

„«Któż jest tym Królem chwały?»
«To Pan Zastępów: On sam Królem chwały»."
(Ps 24, 10)

„Wtedy żołnierze namiestnika zabrali Jezusa z sobą do pretorium i zgromadzili koło Niego całą kohortę. Rozebrali Go z szat i narzucili na Niego płaszcz szkarłatny. Uplótłszy wieniec z ciernia

włożyli Mu na głowę, a do prawej ręki dali Mu trzcinę. Potem przyklękali przed Nim i szydzili z Niego, mówiąc: «Witaj, Królu Żydowski!» Przy tym pluli na Niego, brali trzcinę i bili Go po głowie. A gdy Go wyszydzili, zdjęli z Niego płaszcz, włożyli na Niego własne Jego szaty i odprowadzili Go na ukrzyżowanie."
(Mt 27, 27-31)

„A żołnierze uplótłszy koronę z cierni, włożyli Mu ją na głowę i okryli Go płaszczem purpurowym. Potem podchodzili do Niego i mówili: «Witaj, Królu Żydowski!» I policzkowali Go."
(J 19, 2-3)

„Był to dzień Przygotowania Paschy, około godziny szóstej. I rzekł do Żydów: «Oto król wasz!»"
(J 19, 14)

„I wołali głośno: «Błogosławiony Król, który przychodzi w imię Pańskie»."
(Łk 19, 38a)

„Wypisał też Piłat tytuł winy i kazał go umieścić na krzyżu. A było napisane: «Jezus Nazarejczyk, Król Żydowski»."
(J 19, 19)

Jezus: „Kiedy żołnierze zaczęli szydzić ze mnie, czułem się tak, jakby całe piekło rozpętało się przeciwko mnie. Ciemność posunęła się, a zło krążyło wokół, by dręczyć, szydzić i rozdzierać moje ciało i duszę - jakby chcąc zobaczyć, czy ulegnę. Ale ja nie reagowałem. Siedziałem tam nieruchomo, w milczeniu, prawie dobrowolnie - w Miłości - znosząc wszystko dla zbawienia ludzi. W tym cierniowym ukoronowaniu i szyderstwach, które znosiłem, doświadczyłem najpodlejszych z ludzkich grzechów. Bóg opluwany przez swoje własne stworzenia, które właśnie próbuje ocalić... To był przerażający widok. Cienie pokus kłębiły się wokół mnie, a ciemność zdawała się ogarniać całe ciało i zmysły. Czułem się pogrążony w otchłani zła, co napawało moją duszę większą goryczą niż obelgi czy fizyczne okrucieństwo ze strony żołnierzy. Moje Serce musiało walczyć, by wytrwać w „fiat", czyli w wielkiej, pokornej i posłusznej Miłości. W tym momencie wszystkie moje siły były zwrócone ku Ojcu, poprzez wiarę w Jego Obecność i prowadzącą mnie Miłość. Nie słuchałem obraźliwych słów ani zgiełku, jaki robił szatan, próbując zakłócić spokój mojej duszy; zamiast tego starałem się z wiarą wsłuchiwać w bicie Serca Boga-Miłości. Nasłuchiwałem z nadzieją, że Jego Miłość pokona wszelkie ciemności. Słuchałem w Miłości, podczas gdy poprzez moją Krew wypływało Miłosierdzie dla świata.

Oczy zalewała krew z korony cierniowej, która wbijała się głęboko w moją głowę i szyję. Ten fizyczny ból przyprawiał mnie o mdłości. Moje Serce płakało krwawymi łzami za tych, którzy byli wokół mnie, podczas gdy oni wyśmiewali się z mojej królewskiej godności (która pewnego dnia miała osądzić ich serca). Ból, miłość, upokorzenie, odrzucenie i przebaczenie mieszały się razem i wpijały głęboko w moje ciało i serce, jak te ciernie z korony na głowie. A Ja milczałem. Nie otworzyłem moich ust, bo ofiarowałem wszystko w pokornej Miłości.

Dziecię moje, twoja miłość też musi być pokorna, mała w swej czystości oraz otwarta w potulnej bezbronności – tak jak moja Miłość podczas cierniem ukoronowania. Będą szydzić z mej Miłości przebywającej w tobie… A ty musisz pozwalać mi odpowiadać z twego wnętrza, z takim samym cierpliwym miłosierdziem, jak to uczyniłem przy moim ukoronowaniu… Idź z moim błogosławieństwem."

8. Jezus skazany na śmierć

„Dotknijmy go obelgą i katuszą, by poznać jego łagodność i doświadczyć jego cierpliwości. Zasądźmy go na śmierć haniebną, bo – jak mówił – będzie ocalony»."
(Mdr 2, 19-20)

„Właśnie ten kamień, który odrzucili budujący, stał się głowicą węgła."
(Mt 21, 42b)

„Piłat widząc, że nic nie osiąga, a wzburzenie raczej wzrasta, wziął wodę i umył ręce wobec tłumu, mówiąc: «Nie jestem winny krwi tego Sprawiedliwego. To wasza rzecz». (…) Wówczas (…) Jezusa kazał ubiczować i wydał na ukrzyżowanie."
(Mt 27, 24. 26b)

„Piłat ponownie ich zapytał: «Cóż więc mam uczynić z tym, którego nazywacie Królem Żydowskim?» Odpowiedzieli mu krzykiem: «Ukrzyżuj Go!» Piłat odparł: «Cóż więc złego uczynił?» Lecz oni jeszcze głośniej krzyczeli: «Ukrzyżuj Go!» Wtedy Piłat, chcąc zadowolić tłum, uwolnił Barabasza, Jezusa zaś kazał ubiczować i wydał na ukrzyżowanie."
(Mk 15, 12-15)

„Piłat więc zawyrokował, żeby ich żądanie zostało spełnione. Uwolnił im tego, którego się domagali, a który za rozruch i zabójstwo był wtrącony do więzienia; Jezusa zaś zdał na ich wolę."
(Łk 23, 24-25)

„A Piłat ponownie wyszedł na zewnątrz i przemówił do nich: «Oto wyprowadzam Go do was na zewnątrz, abyście poznali, że ja nie znajduję w Nim żadnej winy». Jezus więc wyszedł na zewnątrz, w koronie

cierniowej i płaszczu purpurowym. Piłat rzekł do nich: «Oto Człowiek». Gdy Go ujrzeli arcykapłani i słudzy, zawołali: «Ukrzyżuj! Ukrzyżuj!» Rzekł do nich Piłat: «Weźcie Go i sami ukrzyżujcie! Ja bowiem nie znajduję w Nim winy». (…)Odtąd Piłat usiłował Go uwolnić. Żydzi jednak zawołali: «Jeżeli Go uwolnisz, nie jesteś przyjacielem Cezara. Każdy, kto się czyni królem, sprzeciwia się Cezarowi». Gdy więc Piłat usłyszał te słowa, wyprowadził Jezusa na zewnątrz i zasiadł na trybunale, na miejscu zwanym Lithostrotos, po hebrajsku Gabbata. (…) I rzekł do Żydów: «Oto król wasz!» A oni krzyczeli: «Precz! Precz! Ukrzyżuj Go!» Piłat rzekł do nich: «Czyż króla waszego mam ukrzyżować?» Odpowiedzieli arcykapłani: «Poza Cezarem nie mamy króla». Wtedy więc wydał Go im, aby Go ukrzyżowano."
(J 19, 4-6. 12-13. 14b-16)

„Wzgardzony i odepchnięty przez ludzi, Mąż boleści, oswojony z cierpieniem, jak ktoś, przed kim się twarze zakrywa, wzgardzony tak, iż mieliśmy Go za nic. Po udręce i sądzie został usunięty; a kto się przejmuje Jego losem? Tak! Zgładzono Go z krainy żyjących; za grzechy mego ludu został zbity na śmierć."
(Iz 53, 3. 8)

Męka, Krzyż i Śmierć Pana Jezusa

Jezus: „Sąd jest bardzo niebezpieczną sprawą. Przez swój osąd człowiek potępia, ale też sam może zostać potępiony. Najlepiej jest zawsze pozostawić wszelkie osądzanie Bogu, który zna wszystko; On jest Prawdą i sądzi w miłosierdziu, według serca człowieka. Przez pochopny osąd narodu Izraela (błędny z powodu grzechu) zostałem skazany na śmierć. Żydzi woleli, abym umarł, niż żył (to coś, czego nie mogli wtedy zrozumieć i ocenić), nie chcąc nawrócić się ze swoich ciemnych dróg. Cierpienia, które znosiłem, stojąc na miejscu wyroku i słysząc słowa skazujące mnie na śmierć, były o wiele głębsze niż te setki głosów i twarzy, które widziałem przed sobą. Byli to ludzie, których nauczałem, uzdrawiałem i kochałem, a którzy teraz wołali o moją śmierć. Moja odrzucona Miłość bolała mnie bardzo, ale jeszcze bardziej – ciemność ich serc. Widziałem przed sobą też wszystkie osoby niewinne, które będą niesprawiedliwie skazywane na śmierć z powodu zazdrości, pychy i egoizmu innych. Jak ciemne i okrutne mogą być ludzkie serca, gdy są tak zamknięte i opróżnione z dobroci i Miłości Boga. Jednak widziałem już wtedy ten żal, jaki będzie odczuwać wiele moich dzieci, gdy po przebyciu swej złej drogi w końcu ujrzą Prawdę. Cierpiałem dla mojego Ojca – Króla Chwały i całego stworzenia, którego Królestwo wyszydzono, a Syna (Posłańca Miłości) pobito i zabito, wieszając na drzewie Krzyża. Ciemność, która zaczęła mnie ogarniać w czasie cierniem ukoronowania, teraz się jeszcze pogłębiła, gdyż szatan wypaczył myślenie ludzi, a mnie kusił, bym uwierzył, że Misja Miłości nie powiodła się, a nadzieja umarła. Głosy tak wielu ludzi, których bardzo kochałem – ze wszystkich minionych lat i odwiedzonych miejsc – teraz wołających o moją śmierć (zaślepionych z powodu grzechu), smuciło śmiertelnie Serce twego Zbawiciela. Cóż mogą przekazać słowa o moim cierpieniu w momencie skazania na śmierć?... To doświadczenie było głębsze niż słowa, dlatego przyjąłem je w milczeniu. Z wnętrza mojej milczącej, uległej Miłości dobry Bóg mógł odnosić swoje zwycięstwo. Ci bowiem wszyscy, którzy w przyszłości nie będą znajdować w sobie siły lub odwagi, by bronić niewinnych (tak jak słaby Piłat), będą mogli znaleźć źródło wszelkich potrzebnych łask w moim cichym cierpieniu. Moment wyroku był tragiczny, ponieważ Bóg, osądzony i znienawidzony przez ludzi, został niewinnie skazany na okrutną śmierć. Jednocześnie jednak ta chwila była chwalebna, bo w niej moje Serce mogło wypowiedzieć ponownie głębokie „fiat" w posłusznej Miłości, aby przyjąć na siebie wszystkie grzechy i cierpienia człowieka – aby uzdrowić, zbawić i przywrócić świat mojemu Ojcu.

Błogosławię cię na te momenty twojego życia, gdy wchodzić będziesz głębiej w tę tajemnicę. Ja sam przeprowadzę cię przez nią, gdy otworzę przed tobą jej głębię – przez doświadczenie naszego zjednoczenia. Amen."

9. Jezus bierze Krzyż

„Lecz On się obarczył naszym cierpieniem, On dźwigał nasze boleści, a myśmy Go za skazańca uznali, chłostanego przez Boga i zdeptanego. Lecz On był przebity za nasze grzechy, zdruzgotany za nasze winy. Spadła Nań chłosta zbawienna dla nas, a w Jego ranach jest nasze zdrowie. Wszyscyśmy pobłądzili jak owce, każdy z nas się obrócił ku własnej drodze, a Pan zwalił na Niego winy nas wszystkich."
(Iz 53, 4-6)

„Wtedy więc wydał Go im, aby Go ukrzyżowano. Zabrali zatem Jezusa. A On sam dźwigając krzyż wyszedł na miejsce zwane Miejscem Czaszki, które po hebrajsku nazywa się Golgota."
(J 19, 16-17)

„Wtedy Jezus rzekł do swoich uczniów: «Jeśli kto chce pójść za Mną, niech się zaprze samego siebie, niech weźmie krzyż swój i niech Mnie naśladuje. Bo kto chce zachować swoje życie, straci je; a kto straci swe życie z mego powodu, znajdzie je."
(Mt 16, 24-25)

Jezus: „Kiedy wziąłem Krzyż na moje ranne i krwawiące plecy, wziąłem również ciężar grzechu człowieka na moją Duszę. Ach, nie możesz sobie wyobrazić ciężaru, jaki miała cała ta szatańska ciemność. Niosłem moje narzędzie tortur wraz z ludzkim „narzędziem tortur", jakim jest grzech. Cena, jaką zapłaciłem w tym momencie – poprzez cały ból fizyczny, emocjonalny, psychiczny i głębokie cierpienie duchowe – była ogromna i trudna, a jednak poniósłbym ten Krzyż ponownie nawet tysiąc razy, gdyby było to konieczne dla uratowania choćby jednej duszy. Wina pochodząca z najohydniejszych zbrodni popełnionych w historii ludzkości wkroczyła w komnaty mojego otwartego, czułego Serca. Jakże starałem się w tej chwili kochać, przebaczać oraz nie skupiać uwagi na grzechu człowieka, który mnie przygniatał, a raczej – na miłosiernej przebaczającej Miłości Ojca, której jednak nie widziałem ani nie czułem. W moim pragnieniu i wysiłku, by kochać i skupić się tylko na Miłości, zwyciężyłem mimo wszystko, pokonując kłamstwa szatana, który przekonywał mnie, że zostałem potępiony i opuszczony przez Boga oraz że wszelki wysiłek jest daremny. Starałem się nie słuchać diabłów krążących przebiegle wokół mnie ani ludzi bijących, szydzących i opluwających mnie w drodze na Kalwarię. W ciszy Serca wsłuchiwałem się w trwającą we mnie nadzieję, że „fiat" mojej posłusznej, przebaczającej Miłości zwycięży. Wraz z Krzyżem podjąłem dobrowolnie całą winę człowieka. Albowiem Miłość jest wolna, a moja męka na Krzyżu musiała być wolną i czystą Miłością, aby zbawić ludzkość. Modliłem się do Ojca, aby mnie wybawił, a On wysłuchał mojej modlitwy, dając mi ludzką siłę, której potrzebowałem, by wypić do dna kielich ukrzyżowanej Miłości. Moje rany pogłębiały się z powodu ludzi, którzy stali na mojej drodze krzyżowej, zadając mi ból ciężarem swego ogromnego grzechu. Jednak Moje brzemię stało się lekkie dzięki łasce niewidzialnej Miłości Ojca, podtrzymującej i jednoczącej się z moim Sercem.

Droga duszo, twój krzyż nigdy nie będzie dla ciebie zbyt ciężki, jeśli pozostaniesz wtulona w moje Serce, pokornie ufając, że moja Miłość wszystko za ciebie zniesie. Trwając ze mną w mojej Męce, ty też będziesz przybijana do krzyża, który musisz nieść w wyniku grzechów innych ludzi. Pamiętaj, by zawsze patrzeć na moją Miłość, która będzie zwyciężać w tobie; wszak ona już raz zwyciężyła i uleczyła wszelki grzech poprzez moją Mękę i Śmierć. Dzieląc ze mną cierpienie, jednocześnie pijesz w pełni moje lekarstwo odkupieńczej Miłości, a ona głęboko zjednoczy nas ze sobą. Błogosławię cię. Amen."

10. Trzy upadki Jezusa

„Grób Mu wyznaczono między bezbożnymi, i w śmierci swej był [na równi] z bogaczem, chociaż nikomu nie wyrządził krzywdy i w Jego ustach

kłamstwo nie postało. Spodobało się Panu zmiażdżyć
Go cierpieniem."
(Iz 53, 9-10a)

„Lecz Ty, Panie, mój Panie,
(…) wybaw mnie.
Bo jestem nędzny i nieszczęśliwy,
a serce jest we mnie zranione.
Niknę jak cień, co się nachyla,
strząsają mnie jak szarańczę.
Kolana mi się chwieją od postu
i ciało moje schnie bez tłuszczu.
Dla tamtych stałem się urągowiskiem;
widząc mnie potrząsają głowami."
(Ps 109, 21a. 22-25)

„Ja jestem dobrym pasterzem. Dobry pasterz daje życie swoje za owce. (…) Życie moje oddaję za owce. (…) Dlatego miłuje Mnie Ojciec, bo Ja życie moje oddaję, aby je [potem] znów odzyskać. Nikt Mi go nie zabiera, lecz Ja od siebie je oddaję. Mam moc je oddać i mam moc je znów odzyskać. Taki nakaz otrzymałem od mojego Ojca»."
(J 10, 11. 15b. 17-18)

Jezus: **„Dziecię moje, wiedz, że gdy trwasz zjednoczona z moim ukrzyżowanym Sercem, nigdy nie musisz bać się** upadków na swojej drodze. Jesteś przecież słaba i będziesz jeszcze słabsza, kiedy odczujesz ciężar moich cierpień oraz grzechów drugiego człowieka. Uczestnicząc bowiem w mojej Męce, jako ofiara Miłości, doświadczasz jednocześnie – jak i Ja – brzemienia win pochodzących od innych ludzi. Ponieważ jednak ty nie popełniłaś grzechu (którego ciężar masz nieść wraz ze mną), nie dasz rady sama go udźwignąć ani pokonać, bo jesteś słabym i małym człowiekiem – tylko dzieckiem. To moja odkupieńcza Miłość będzie działać w tobie, znosząc wszystko, zwyciężając wszystko, przebaczając wszystko. Wzywam cię do uczestnictwa w tym dziele – dziele mojej Miłości, która jest w tobie. Dlatego nigdy nie bój się upadać na skutek swej słabości; pięknie jest być tak kruchym i pozbawionym własnej siły... Chciałbym, abyś zastanowiła się raczej nad tym, jak upadasz. Czy popadasz w pychę czy „upadasz" w pokorę? Czy w swoim upadku starasz się chronić i bronić siebie, czy też mówisz „fiat" w zaufaniu, przyjmując wszystkie próby i słabości w twoim życiu jako moją wolę oraz ufając, że moje ramiona podniosą cię z twojego upadku? Nigdy nie wątp o tym, że Ja cię niosę w tym czasie, gdy doświadczasz największej słabości.

Upadałem za ciebie na Drodze Krzyżowej, abyś ty nigdy nie musiała być sama, gdy upadniesz. Otrzymałaś bowiem łaskę pochodzącą z moich upadków, abyś nigdy nie odeszła ode mnie, lecz trwała ze mną w twoim cierpieniu. Wtedy nie ponosisz grzechu. Nie jest bowiem grzechem być słabym, zwłaszcza jeśli ta słabość jest pełna wielkiej ufności w moją Miłość. Upadłem trzy razy, raz po raz, w moim cielesnym zmęczeniu. Również moja Dusza wpadła w głęboką ciemność, oślepiona przez mrok, tak spragniona pomocy płynącej z wiary, nadziei i miłości – pomocy potrzebnej po to, by wstać i iść dalej. Już wcześniej wiele mówiłem ci o tym, jak upadki na ziemię fizycznie zwiększały mój ból. I nadal będę ci odsłaniał wiele z tych tajemnic, gdy spoczniesz w moich Ranach i pozwolisz mi otworzyć je w tobie.

Gdy moja głowa ciężko pochyliła się na ziemię wskutek upadku, ciernie z korony na nowo rozdarły rany ciała oraz zsunęły się na moją twarz, dosięgając oczu i ust. Ciężki Krzyż, spoczywający na ramionach, w wyniku upadku uderzył mocno o kręgosłup, przez co na moment straciłem oddech. Kolana oraz cała przednia część mojego ciała zostały poranione o kamienienie leżące w brudzie drogi, gdy upadłem na nie całym ciężarem ciała. Kiedy próbowałem wstać, otrzymałem kopnięcia w twarz, które powaliły mnie znów na ziemię. Krew na oczach (płynąca z moich ran) oraz brud, którym pokryta była ziemia, uniemożliwiały mi widzenie. Plułem krwią, gdy kaszlałem, aby złapać oddech. Chciałem jednak kontynuować moją Drogę Krzyżową. Nie poddałem się słabości, lecz kroczyłem dalej – z wielką Miłością – w kierunku miejsca ukrzyżowania. Pluto na mnie i wyśmiewano się ze mnie, a wielu gapiów wykrzykiwało bluźniercze oskarżenia w moją stronę. Niestety, nie widziałam na tej drodze moich apostołów, gdyż opuścili mnie; zostałem pozostawiony sam sobie... Moja Miłość była wyśmiewana, odrzucana i znienawidzona. Moje Serce przepełniała mroczna samotność i tęsknota za Ojcem, który, jak się wydawało, tej nocy również mnie opuścił. Wina człowieka ciążyła mi jak brzemię na szyi, powodując trzykrotny upadek, spowodowany nie tylko fizyczną słabością, ale także – żalem nad stanem tak wielu dusz, które musiałam odkupić, niosąc ich grzech. To cierpienie było tak ciężkie do zniesienia... Ciemność oraz panowanie zła i grzechu przeszywały mnie i raniły o wiele bardziej niż ogrom fizycznego bólu, który musiałem znosić. Szatan usiłował osaczać mnie wciąż na nowo pokusami zwątpienia, rozpaczy i zemsty. Odpowiadałem na to jedynie wielkim miłosierdziem i czułą przebaczającą Miłością, płynącą od mojego Ojca.

W trakcie Drogi Krzyżowej moje gardło było głęboko spękane i wyschnięte z pragnienia. Jakże pragnąłem (fizycznie) innego napoju niż ropa i krew pochodząca z moich Ran. Jak bardzo moje oczy pragnęły zapłakać... A tymczasem płakało moje Serce – z miłości do moich braci. Ale i to Serce wkrótce zaczęło wysychać z pragnienia. Jak bardzo łaknęło ono ujrzeć ślady Miłości w czyichś oczach – tej Miłości, którą mój Ojciec powołał do życia stwarzając świat. Jakże pragnąłem doświadczyć niewinności – wtedy, gdy grzech ludzkości przeszywał mnie na wskroś, obciążając moją Duszę. Tak bardzo pragnąłem dawać moją Miłość i znaleźć jakąś duszę gotową pić z jej pełni, odpowiadającą mi w Miłości. Upadając, widziałem tych ludzi, którzy popadną w grzech, ale także tych, którzy odpowiedzą na moje pragnienie Miłości. Me Serce było więc rozdarte pomiędzy żalem i radością, smutkiem i nadzieją. Coraz słabszy, upadałem nie tylko z powodu okropnego grzechu człowieka, ale także na skutek tak potężnej Miłości, która wylewała się z mej Duszy.

Poprzez to wielkie cierpienie czyniłem wszystko nowym. Dlatego, kiedy łączysz się ze mną w tych Ranach oraz mojej zranionej Miłości, powinnaś zawsze zachować żywą nadzieję. Wypiłem podany mi kielich Męki, czyli wszystkie grzechy, słabości, pokusy i cierpienia ludzkości, abym mógł uczynić je nowymi poprzez moje bezcenne Rany Miłości. Wejdź w tę Miłość – Miłość gotową znieść i przebaczyć wszystko, byle by ocalić choć niewielu. Kochaj i pragnij zjednoczyć się ze swoim umiłowanym Panem i Oblubieńcem w najgłębszych ranach Jego Serca, jak również w najgłębszej, darującej się i odkupiającej Miłości. Tym wszystkim pragnę się z tobą podzielić i zrobię to, jeśli tylko mi na to pozwolisz, otwierając się w głębokiej ufności wobec mojej Miłości. Uczynię wszystko nowe w tobie i poprzez ciebie, dzięki mojej Miłości, jeśli przyjmiesz tę ciężką noc Krzyża dzisiaj. Błogosławię cię w naszym miłosnym dziele. Odpocznij we mnie, a Ja uczynię wszystko."

Upadki na Drodze Krzyżowej

Jezus: „Krzyż przygniótł mnie, a Ja byłem zbyt słaby, aby wstać. Cierpienie zmiażdżyło mnie i niemal pogrzebało żywcem, a Ja – który byłem Bogiem oraz Stwórcą nieba i ziemi – byłem zbyt słaby, by wytrzymać pod ciężarem grzechu i okrucieństwa ze strony mojego stworzenia.

Bycie słabym to nic złego. W istocie, słabość to stan „normalny", gdy jest się krzyżowanym. Tego właśnie chcę cię nauczyć poprzez medytację nad tą tajemnicą. Ilekroć zło tego świata wydaje się kłaść ciężarem na twoim sercu, pamiętaj, że ból, który odczuwasz, pochodzi z mojego zranionego Serca. Oznacza to, że w tych chwilach chcę po prostu podzielić się z tobą moimi Ranami. Kiedy czujesz, że mój Krzyż przygniata cię do ziemi, nie bój się upadku. Ja upadłem. A teraz przyjdę, aby cię uratować. Jednak najpierw muszę cię nauczyć, jak upadać. To jest jak sztuka walki. Istnieją pewne „techniki", które można użyć podczas upadku, by uniknąć zranienia lub złamania kości, a w walce duchowej – by nie dopuścić do „złamania" powołania. Używanie tych „technik", których cię nauczę, nie uchroni cię jednak od cierpienia i bólu podczas upadku, ponieważ twoim powołaniem jest właśnie odczuwanie i znoszenie ze mną męki na Krzyżu. Gdybym odjął ci ten ból, utraciłabyś swoje powołanie i zjednoczenie ze mną. „Narzędzia", które ci pokażę, pomogą ci wytrzymać wielkie głazy bólu bez obawy bycia zmiażdżoną przez ich ciężar. Pomogą ci pozostać wierną i po prostu trwać w Miłości.

Po pierwsze, kiedy upadasz, nie patrz na ziemię pod sobą ani na przygniatający cię ciężar krzyża. Kiedy nie dajesz już rady patrzeć w niebo, to – jeśli już musisz – zamknij oczy. Cokolwiek uczynisz, nie skupiaj się na ogarniającym cię bólu. Jeśli to zrobisz, stracisz z oczu moją Miłość, a wtedy twoje cierpienie nie będzie miało sensu. Za wszelką cenę musisz pozostać zjednoczona ze mną, nawet jeśli twoje zmysły będą „patrzeć" na ziemię i krzyż (trawiący cię ból); twoje serce ma być stale skupione na mnie – w „fiat". Ta mała walka o „fiat" w twoim sercu wystarczy, by przeprowadzić cię przez najbardziej piekielne burze. Utrzyma cię blisko mnie i wtedy Ja sam będę cię niósł.

Po drugie, nie bój się upadać. Strach jest jak więzienie lub sieć, która może cię uwięzić i trzymać z dala ode mnie. Kiedy boisz się panicznie swojego życia, stajesz się jak sparaliżowana i nie jesteś w stanie iść naprzód w swoim powołaniu tak, jak Ja tego pragnę. A więc, kiedy upadasz na swojej drodze krzyżowej – nie bój się i nie przejmuj tym zbytnio. Pamiętaj, że pozwalam ci upaść w pewnym celu – aby pogłębić twoje zjednoczenie ze mną. Pamiętaj proszę o ważnej lekcji, którą ukazałem ci wczoraj w kościele. Twoje słabości i grzechy są jak pył, który mogę zdmuchnąć w jednej chwili. Nie dotykają one twojego serca ani duszy. Nawet twoje „grzechy" (które są tylko niedoskonałościami) czynią cię piękną dla mnie, ponieważ pokazują mi, jak słaba i krucha jesteś oraz jak bardzo potrzebujesz mnie – swojego Oblubieńca i Zbawiciela. Twoje grzechy są raczej mniej lub bardziej świadomymi „pomyłkami", więc nie wpadaj w panikę z ich powodu. Czy wiesz, jak bardzo kocham przychodzić i oczyszczać twoje myśli, emocje, ciało, ducha, serce i duszę pocałunkami mojej Miłości? To czyni nas jednością. Kiedy mąż i żona kochają się nawzajem, to wydaje się, że żadna inna postać miłości nie mogłaby zastąpić ich miłości małżeńskiej. Ale jeśli żona zachoruje i mąż musi ją rozebrać, by ją umyć – obdarzając ją swą miłością w tej posłudze – to ich wzajemna miłość małżeńska jeszcze bardziej pogłębia się i oczyszcza. Kiedy Ja zbliżam się do ciebie w takiej miłości, nie biorę „chustki", aby cię oczyścić z twojej słabości czy łez. Robię to za pomocą moich pocałunków. Całuję twoje ciało, serce i duszę, a moje myśli całują twoje i przemieniają cię, gdy napełniam cię sobą. Moje uczucia dotykają twoje emocje poprzez pocałunki miłości, a wtedy twoja pustka zostaje wypełniona. Proszę więc, pamiętaj: kiedy „otwieram cię" na moją Miłość, pozwalając ci upaść na twojej drodze krzyżowej (w twoim ukrzyżowaniu ze mną), nie możesz się wtedy bać, panikować czy płakać z powodu upadku. Pozwalam na to, abyśmy stali się bardziej jedno. Pozwalam na to, abyśmy jeszcze pełniej przylgnęli do siebie: ty przytulasz się do mnie, potrzebując mojej łaski, opieki i miłości, a Ja przytulam ciebie jako Dobry Pasterz, troszczący się o moją najbardziej nieszczęśliwą, zagubioną i przestraszoną owieczkę.

Na koniec: kiedy upadasz, pamiętaj, że twoja słabość i rany są tak naprawdę zasłonami/maskami, które kryją niezgłębione skarby. Ilekroć bowiem upadasz pod swoim krzyżem, to tak naprawdę „pniesz się" wtedy ku mnie, bo Ja zawsze zdążam pochylić się i złapać cię, zanim uderzysz o ziemię.

Kocham cię i błogosławię w tej nowej lekcji miłości. Proszę, połóż się teraz i odpocznij we mnie. Choć mnie nie widzisz, to jednak w rzeczywistości jestem bardzo blisko ciebie. Amen."

11. Spotkanie Jezusa z Matką

„Lecz anioł rzekł do Niej: «Nie bój się, Maryjo, znalazłaś bowiem łaskę u Boga. Oto poczniesz i porodzisz Syna, któremu nadasz imię Jezus. Będzie On wielki i będzie nazwany Synem Najwyższego, a Pan Bóg da Mu tron Jego praojca, Dawida. Będzie panował nad domem Jakuba na wieki, a Jego panowaniu nie będzie końca»."
(Łk 1, 30-33)

„Symeon zaś błogosławił Ich i rzekł do Maryi, Matki Jego: «Oto Ten przeznaczony jest na upadek i na powstanie wielu w Izraelu, i na znak, któremu

sprzeciwiać się będą. A Twoją duszę miecz przeniknie, aby na jaw wyszły zamysły serc wielu»."
(Łk 2, 34-35)

„A obok krzyża Jezusowego stały: Matka Jego i siostra Matki Jego, Maria, żona Kleofasa, i Maria Magdalena. Kiedy więc Jezus ujrzał Matkę i stojącego obok Niej ucznia, którego miłował, rzekł do Matki: «Niewiasto, oto syn Twój». Następnie rzekł do ucznia: «Oto Matka twoja». I od tej godziny uczeń wziął Ją do siebie."
(J 19,25-27)

„W odpowiedzi rzekł do niego Jezus: «Jeśli Mnie kto miłuje, będzie zachowywał moją naukę, a Ojciec mój umiłuje go, i przyjdziemy do niego, i będziemy u niego przebywać. (…) Pokój zostawiam wam, pokój mój daję wam. Nie tak jak daje świat, Ja wam daję. Niech się nie trwoży serce wasze ani się lęka!»"
(J 14, 23. 27)

Jezus: **„Moja Matka jest umiłowaną mej duszy, bo Ona zawsze czyni to, co jest miłe Ojcu Niebieskiemu. Noc Krzyża nie tylko głęboko zabolała i zasmuciła moje Serce, zranione przez grzech człowieka. To doświadczenie dotknęło również czułe serce mojej Matki. Wiedziała, że przyszedłem na ziemię po to, aby cierpieć; wspominałem** o tym wielokrotnie w rozmowach z Nią (jak również z moimi Apostołami). Skoro jednak tak ciężko było nam mówić o tych rzeczach, to o ileż trudniej było je znieść, gdy już nadeszły, zwłaszcza kiedy moja Matka spotkała się ze mną twarzą w twarz na Drodze Krzyżowej. Ona była tam moją nadzieją – przechowała bowiem w swoim sercu prawdę o Nadziei, którą jej powierzyłem, gdy mówiłem wcześniej o moim Zmartwychwstaniu. Jej serce czuło się jednak takie bezradne, gdy spotkała mnie na drodze ku Kalwarii i uświadomiła sobie, że nawet jedna delikatna pieszczota Jej miłości mogłaby tylko powiększyć ból moich ran. Jej miłość musiała pozostać milcząca i nieruchoma, podczas gdy nasze oczy spotkały się, a serca ucałowały – w posłusznym i pełnym miłości „fiat" względem Ojca. Moja Matka nie tylko zniosła ze mną ukrzyżowanie, ale i całą moją Mękę, bo pozostała zjednoczona z moją Duszą – we wszystkim. Przeżyła ze mną swoje męczeństwo, ponieważ Jej serce zostało ukrzyżowane wraz z moim. Pozostawiłem Ją na ziemi jako Matkę Ukrzyżowanego, pełną Miłości płynącej z mojego Serca. O, jakże mógłbym ci opisać to spotkanie intymnej Miłości, które nastąpiło między Jej sercem a moim na Drodze Krzyżowej?... Jej miłość przeniknęła mnie i umocniła, a moja zraniona Miłość wypełniła Jej duszę. I tak, w tajemniczy sposób – mimo wszystko – nasze serca odnalazły pokój, płynący przez mą Krew.

Dzisiaj chciałbym cię prosić, abyś wypiła kielich należący do mnie i mojej Matki oraz abyś przeżyła tę stację ze mną i z miłości do mnie. Masz być moim Obliczem cierpiącej Miłości, które jednoczy się z innymi ludźmi, gdy spotkają cię na twej drodze krzyżowej. Twoje serce będzie nosiło moje spojrzenie pełne czułej nadziei, ukryte pod twoją obolałą twarzą i zranioną duszą. Moja Matka będzie jednoczyć się z tobą, w głębokim spojrzeniu Miłości, mówiąc z tobą „fiat"; spotkasz Ją w wielu innych ludziach na twojej drodze ku Kalwarii. Maryja ofiarowała mi pociechę Miłości, gdy nasze serca ucałowały się poprzez nasze spojrzenia; Ja zaś dałem Jej potrzebną siłę, by potem wytrwała na Kalwarii do końca. Nie widziałam Jej dobrze, bo moje oczy były pełne brudu i krwi, ale pozwoliłam Jej patrzeć na mnie w Miłości, aby nabrała sił. Moje Serce widziało Ją za to bardzo wyraźnie, bo znało Jej czystą Miłość.

Zawsze będę cię umacniał w ten sam sposób. Kiedy będzie ci się zdawało, że nic nie widzisz, wiedz, że oczy twego serca mogą zawsze patrzeć na mnie z wiarą, aby otrzymać potrzebną siłę. Na modlitwie nie bądź Martą, lecz Marią. Bądź jak moja Matka, która trwała w czułej Miłości u moich stóp, gdy wisiałem na Krzyżu. Jeśli będziesz przeżywać to wszystko w ten sposób, to wtedy staniemy się jednością. Niech Moje błogosławieństwo wyśpiewa w tobie moje „fiat" Miłości. Amen."

12. Szymon z Cyreny pomaga Jezusowi w dźwiganiu Krzyża

„Wychodząc spotkali pewnego człowieka z Cyreny, imieniem Szymon. Tego przymusili, żeby niósł krzyż Jego."
(Mt 27, 32)

„I przymusili niejakiego Szymona z Cyreny, ojca Aleksandra i Rufusa, który wracając z pola właśnie przechodził, żeby niósł krzyż Jego."
(Mk 15, 21)

„Gdy Go wyprowadzili, zatrzymali niejakiego Szymona z Cyreny, który wracał z pola, i włożyli na niego krzyż, aby go niósł za Jezusem."
(Łk 23, 26)

Jezus: **„Szymon miał ukazać moje współczujące oblicze wobec świata. Przez niego mogłem pokazać ludziom, co to znaczy kochać i wspomagać swego Zbawiciela. Szymon bardzo ulżył mojemu umęczonemu ciału, biorąc Krzyż na własne plecy. Ja za to pomogłem jego duszy, pozwalając mu fizycznie uczestniczyć w cierpieniach mojej zbawczej Męki. Szymon był jedyną osobą, której udzieliłem takiej łaski w tamtym czasie. Dlaczego podzieliłem się z nim** moim Krzyżem? Uczyniłem to, gdyż Szymon potrzebował obdarzyć kogoś miłością oraz pragnął, aby jego siła, jak i miłość jego pokornej duszy, stała się potrzebna. Ten gest miłości, który Szymon uczynił dla mnie, "ściągnął" wielkie łaski na niego, jego synów i na cały mój Kościół. Ukazał on przez swój przykład, że nie tylko można, ale i trzeba pomagać swemu Zbawicielowi, który cierpi pod ciężarem ludzkiego grzechu. Współczucie Szymona przejawiło się w konkretnym czynie, co bardzo ucieszyło mojego Ojca. Dzieląc się moim Krzyżem, podzieliłem się z Szymonem również moją Miłością – była ona niezbędną pomocą do udźwignięcia mojego ciężaru.

A co działo się w mojej duszy, gdy Szymon zdjął ze mnie fizyczne brzemię Krzyża? Niestety, moje Serce odczuło kolejny ciężar, gdyż ogarnęła mnie jeszcze większa ciemność. Szatan dręczył mnie mówiąc, że widocznie jestem za słaby, by wypełnić wolę mego Ojca. Pokusy ogarnęły mój umysł, powodując zawrót głowy i kolejny upadek na ziemię... Jednak moje Serce trwało w wiernym, a nawet radosnym zawierzeniu Ojcu, gdyż ochoczo brałem na siebie pokusy, które były lub będą udziałem moich braci. Me ciało i dusza były słabe, ale Miłość – wciąż silna.

Nie obawiaj się nigdy brać cudzych krzyży jako własnego brzemienia, jeśli ja kładę ci je na serce. W ten sposób możesz okazać mi współczucie, tak jak Szymon. Ja zaś uczynię wtedy twoje serce jeszcze bardziej zdolnym do przyjęcia mojej Boskiej Miłości, gdyż to Ja sam pomagam ci nieść twój krzyż w Miłości. W rzeczywistości, twoje życiowe krzyże są po prostu cząstkami mojego Krzyża. Bądź moim współczującym Obliczem w świecie, zwłaszcza gdy pozwalam ci nieść mój Krzyż. A teraz złóż w mojej Miłości swoją zmęczoną głowę, rękę i serce. Słuchaj mojej nauki w milczeniu. Błogosławię cię. Amen."

13. Weronika ociera Oblicze Jezusa

„Podałem grzbiet mój bijącym i policzki moje rwącym Mi brodę. Nie zasłoniłem mojej twarzy przed zniewagami i opluciem."
(Iz 50, 6)

„Jak wielu osłupiało na Jego widok - tak nieludzko został oszpecony Jego wygląd i postać Jego była niepodobna do ludzi - tak mnogie narody się zdumieją, królowie zamkną przed Nim usta."
(Iz 52, 14. 15a)

„Kto poda kubek świeżej wody do picia jednemu z tych najmniejszych, dlatego że jest uczniem, zaprawdę powiadam wam, nie utraci swojej nagrody»."
(Mt 10, 42)

„Oczy Jego jak płomień ognia. Stopy Jego podobne do drogocennego metalu, jak gdyby w piecu rozżarzonego, a głos Jego jak głos wielu wód. (…)Kiedym Go ujrzał, do stóp Jego upadłem jak martwy, a On położył na mnie prawą rękę, mówiąc: «Przestań się lękać! Jam jest Pierwszy i Ostatni i żyjący. Byłem umarły, a oto jestem żyjący na wieki wieków i mam klucze śmierci i Otchłani."
(Ap 1, 14b-15. 17-18)

„Jezus, znając ich myśli, rzekł do nich: «Każde królestwo, wewnętrznie skłócone, pustoszeje. I żadne miasto ani dom, wewnętrznie skłócony, się nie ostoi. (…) Lecz jeśli Ja mocą Ducha Bożego wyrzucam złe duchy, to istotnie przyszło do was królestwo Boże. Albo jak może ktoś wejść do domu mocarza, i sprzęt mu zagrabić, jeśli mocarza wpierw nie zwiąże? I dopiero wtedy dom Jego ograbi. Kto nie jest ze Mną, jest przeciwko Mnie; i kto nie zbiera ze Mną, rozprasza."
(Mt 12, 25. 28-30)

Jezus: **„Podałem moje Oblicze do otarcia Weronice jako akt mojej Miłości do niej. Pozwoliłem jej kochać mnie tak, jak tego pragnęło jej serce. A jej miłość była wielkim świadectwem nadziei w mej ciemnej nocy Krzyża. Jej miłość zaświeciła jak małe światełko obok dobroci mej**

Matki, Szymona i litujących się nade mną kobiet; była znakiem mojej Miłości zwyciężającej w sercach ludzi nawet pośród tak okrutnej nienawiści. Zechciałem pozostawić Weronice oraz całemu światu „pamiątkę" na jej płótnie – wizerunek mojego Oblicza. Chciałem udowodnić ludziom, że gdy tylko okazują dobroć i miłość wobec mnie, Ja zostawiam odcisk na „płótnie" ich serc – jako świadectwo ich miłości. Czynię tak również po to, by w chwilach zwątpienia przypominać im o mojej obecności i wiernej Miłości. Jeśli mój Ojciec tak łaskawie wynagradza mały akt dobroci wobec jednego ze stworzeń (uczyniony w moje Imię), to o ileż bardziej miał wynagrodzić Weronikę i te wszystkie dusze, które odważnie okazują mi współczucie pośród moich ciemności. Weronika nie patrzyła na tych, którzy krzyczeli wokół mnie; nie, jej cała uwaga skupiona była na mnie i na cudzie Miłości, który odkrywałem przed nią. O, gdyby tylko więcej dusz kochało tak jak ona; gdyby więcej dusz okazywało mi taką samą miłującą troskę w moim wielkim cierpieniu...

Wiem, dziecię moje, że zawsze bardzo kochałaś Weronikę. Wciąż zajmuje ona ważne miejsce w twoim sercu ze względu na swoją odważną, współczującą miłość do twojego biednego Zbawiciela. Nieustannie wzywam ludzi do naśladowania Weroniki, ale każdego w inny sposób. Niektórych proszę, aby kochali mnie cierpiącego w bliźnich poprzez okazywanie im współczucia (zwłaszcza tym najmniejszym i najuboższym). Niektórych wzywam, aby „otarli mą twarz" przez głoszenie o mojej miłosiernej, ukrzyżowanej Miłości. Innych z kolei zapraszam do tego, by pocieszali mnie modlitwą za osoby, które odeszły tak daleko ode Mnie... Ciebie zaś wzywam do tego, byś otarła moje krwawiące Oblicze i pocieszała moje umęczone Serce jako ma oblubienica, poddając się mej Miłości i pozwalając, by ona pociągnęła cię i opanowała. Zapraszam cię do naśladowania miłości Weroniki poprzez naśladowanie mojej Miłości, gdyż to Ja sam wezwałem ją, aby otarła moje Oblicze. To był mój akt Miłości, który działał przez jej serce – ona jedynie usłuchała i odpowiedziała. Wzywam cię, abyś uczestniczyła w mej Męce, powtarzając „fiat" w prostym poddaniu się oraz w posłusznej miłości wobec mego ukrzyżowanego ciała, serca i życia, które się w tobie otwiera. Przyniesiesz mi wielką pociechę, gdy będziesz odpoczywać ze mną, twoim Oblubieńcem, w zjednoczeniu Miłości Ukrzyżowanej. Będziesz ofiarą miłości i miłosierdzia – wraz ze mną – na mojej Drodze Krzyżowej. Masz cierpieć razem ze mną, przyjmując do swego serca także grzechy innych ludzi, aby odpowiedzieć na nie z wielką przebaczającą miłością. Staniesz się w ten sposób moją małą Weroniką, moim **„prawdziwym obrazem"** w świecie (imię „Weronika" pochodzi od łacińskiego słowa „Vera Icon", co oznacza „prawdziwy obraz"). A przez to mój Ojciec upodoba sobie w tobie. To jest moje dzieło wobec twojego życia, podobnie jak mym dziełem było wywołanie miłości z serca Weroniki na Drodze Krzyżowej. W twej codzienności, w doświadczeniu mej męki i śmierci, zawsze jest potrzeba walki o Miłość – o wielkie ukryte piękno i głębokie zjednoczenie ze Mną, twoim Zbawicielem. Raduj się, moja córko i umiłowana oblubienico, że otworzyłem twoje serce tak głęboko, abyś piła ze mną ze wspólnego kielicha. Błogosławię cię moją współczującą Miłością, aby – poprzez twoje żywe zjednoczenie ze mną – me miłosierdzie wypływało na cały świat. Amen."

14. Jezus spotyka płaczące niewiasty

„A szło za Nim mnóstwo ludu, także kobiet, które zawodziły i płakały nad Nim. Lecz Jezus zwrócił się do nich i rzekł: «Córki jerozolimskie, nie płaczcie nade Mną; płaczcie raczej nad sobą i nad waszymi dziećmi! Oto bowiem przyjdą dni, kiedy mówić będą: „Szczęśliwe niepłodne łona, które nie rodziły, i piersi, które nie karmiły". Wtedy zaczną wołać do gór: Padnijcie na nas; a do pagórków: Przykryjcie nas! Bo jeśli z zielonym drzewem to czynią, cóż się stanie z suchym?»"
(Łk 23, 26-31)

„Jeśli On wyda swe życie na ofiarę za grzechy, ujrzy potomstwo, dni swe przedłuży, a wola Pańska spełni się przez Niego. Po udrękach swej duszy, ujrzy światło i nim się nasyci. Zacny mój Sługa usprawiedliwi wielu, ich nieprawości On sam

dźwigać będzie. Dlatego w nagrodę przydzielę Mu tłumy, i posiądzie możnych jako zdobycz, za to, że Siebie na śmierć ofiarował i policzony został pomiędzy przestępców. A On poniósł grzechy wielu, i oręduje za przestępcami."
(Iz 53, 10b-12)

Jezus: „Moja czuła Miłość wołała do kobiet idących pośród tłumu. To dlatego zapłakały nade mną. Widziały wielki kontrast pomiędzy brutalnym zachowaniem żołnierzy i osaczającą mnie zewsząd nienawiścią a moim cierpieniem i łagodną odpowiedzią miłosiernej Miłości, która było gotowa wszystko przebaczyć. Podczas gdy kobiety jerozolimskie płakały nade mną z żalu i miłości, Ja starałem się im pomóc swoimi słowami. Wytłumaczyłem im, że powinny raczej opłakiwać ludzi, którzy popełnili ten straszny grzech, objawiający się na całym moim ciele. Nade mną nie trzeba było się litować, bo Ja byłem Bogiem-Człowiekiem, który zwyciężył przez Miłość. Pragnąłem jednak podzielić z nimi mój głębszy ból, dlatego wskazałem tych ludzi, nad którymi należy się litować, jak również je same oraz ich dzieci – ukrzyżował mnie bowiem ich grzech. Byłem świadomy tego, że niektóre osoby obecne przy moim ukrzyżowaniu (oraz ich dzieci) tak głęboko zabrną w swoim grzechu, że nawet widząc Światło i Prawdę mojej Miłości, będą woleli ukryć się przede mną (prosząc, aby góry i pagórki ich zasłoniły), niż przynieść do mnie swoje zranione grzechem serce, abym je uzdrowił, oczyścił, zbawił i odnowił. Należało także współczuć tym wszystkim duszom, których przebaczająca miłość była mniej doskonała od mojej. A jak daleka ich miłość była ode mnie, tak dalecy będą oni od tego, by mój Ojciec nasycił ich kiedyś pełnią życia w Wieczności. Gdy grzech ludzkości objawi się w moim Krzyżu w całej swej okazałości, matki będą żałować, że urodziły dzieci; uświadomią bowiem sobie, że życie fizyczne człowieka o tyle jest warte, o ile jego życie duchowe jest zjednoczone z Bogiem. Ja nie traciłem nadziei – mimo cierpienia – bo swoją wolą trwałem w wiernym i posłusznym „fiat". Nie wątpiłem, że moja Miłość jest większa niż grzech, Światło jaśniejsze niż ciemność, a Prawda – większa niż wszystkie oszustwa i nienawiść wokół mnie. Żal mi jednak było tych niewiast, tak słabych w swojej wierze... Wiedziałem już wtedy, że gdy tylko przyjdzie ciemność, ulegną rozpaczy i stracą nadzieję. Jednak wiedziałem również, że powstanę z martwych, a wtedy przywrócę im tę straconą nadzieję i miłość, tak jak przywróciłem Piotrowi siłę, odwagę i zdolność kochania (a on stał się przez to jeszcze mocniejszy, niż był przed upadkiem). Moim zamysłem było uleczenie ran tych kobiet (jak i zranień Piotra) poprzez moje Rany. W tamtym momencie odczuwałem jednak głęboką litość nad nimi wiedząc, że ich słaba miłość i nadzieja nie będą w stanie przetrwać cierpienia i ciemności. Jeśli takie rzeczy działy się z „zielonym drzewem" (gdy byłem obecny fizycznie wśród ludzi, a łaska Bożej Miłości tak obficie napełniała ich serca), to co stanie się, gdy zostanę wzięty do nieba, a drewno mojego Krzyża (niegdyś „zielone" od mojej świeżej Krwi) stanie się „suche"? Kto będzie wtedy głosił Dobrą Nowinę? Kto przekaże moje orędzie Miłości dzieciom tych kobiet? Tak wielu będzie do tego potrzebnych... Jednak czy ich serca będą wystarczająco pokorne, aby odpowiedzieć na wezwanie mojej Miłości?

Gdy będziesz przechodziła przez ciemności swojego krzyża, nigdy nie użalaj się nad sobą, gdyż i Ja tego nie robiłem. Patrz raczej na zadających ci ból ludzi i okaż litość ich sercom – tak zagubionym w grzechu, zranionym w swej słabości lub po prostu zamkniętym na te wielkie tajemnice Miłości, które dzielę z tobą. Współczuj tym ludziom, których grzechy sprawiają ci ból i są przyczyną moich cierpień w tobie. Co więcej, raduj się w swoim cierpieniu, bo gdy pozwalasz mi dzielić z tobą Mękę, rozważając ją w sobie, ja mogę dawać ci życie przez mą Krew płynącą z Krzyża. Ona może nawodnić spieczoną, suchą ziemię ludzkich serc w dzisiejszym świecie. W ten sposób suche drzewo mojego Krzyża – tak zapomniane i zaniedbane przez wielu ludzi – pozostanie zielone dzięki życiu Krwi Miłości, która będzie płynąć w tobie. Zawsze pozwalaj, aby moja nadzieja i Miłość wypełniały twoje serce, zwłaszcza gdy jest pogrążone w ciemności. Nie bój się odsłaniać swoich nagich i bezbronnych ran w mroku nocy; ufaj, że moja ręka nieustannie trzyma cię i prowadzi. W ten sposób będę mógł wylewać na ziemię swój pokój, nadzieję, przebaczenie, prawdę i Miłość, czyniąc cierpienia nie tylko znośnym, ale i słodkim napojem dla moich dzieci. Daję ci moje błogosławieństwo przez pocałunek z Krzyża. Zawsze odpoczywaj we mnie. To ma być twoją jedyną pracą. Amen."

15. Jezus z szat obnażony

„Ja zaś jestem robak, a nie człowiek,
  pośmiewisko ludzkie i wzgardzony u ludu.
  Szydzą ze mnie wszyscy, którzy na mnie patrzą,
  rozwierają wargi, potrząsają głową:
  «Zaufał Panu, niechże go wyzwoli,
  niechże go wyrwie, jeśli go miłuje»."
(Ps 22, 7-9)

„A oni się wpatrują, sycą mym widokiem;
  moje szaty dzielą między siebie
  i los rzucają o moją suknię."
(Ps 22, 18b-19)

„Potem rozdzielili między siebie Jego szaty, rzucając losy. A lud stał i patrzył. (…) Szydzili z Niego i żołnierze"
(Łk 23, 34b-35a)

„Żołnierze zaś, gdy ukrzyżowali Jezusa, wzięli Jego szaty i podzielili na cztery części, dla każdego żołnierza po części; wzięli także tunikę. Tunika zaś nie była szyta, ale cała tkana od góry do dołu. Mówili więc między sobą: «Nie rozdzierajmy jej, ale rzućmy o nią losy, do kogo ma należeć». Tak miały się wypełnić słowa Pisma."
(J 19, 23b-24a)

„On, istniejąc w postaci Bożej, nie skorzystał ze sposobności, aby na równi być z Bogiem, lecz ogołocił samego siebie, przyjąwszy postać sługi, stawszy się podobnym do ludzi. A w zewnętrznym przejawie, uznany za człowieka, uniżył samego siebie, stawszy się posłusznym aż do śmierci – i to śmierci krzyżowej."
(Flp 2, 6-8)

„Oto stoję u drzwi i kołaczę: jeśli kto posłyszy mój głos i drzwi otworzy, wejdę do niego i będę z nim wieczerzał, a on ze Mną."
(Ap 3, 20)

„Ja śpię, lecz serce me czuwa:
Cicho! Oto miły mój puka!
«Otwórz mi, siostro moja, przyjaciółko moja,
gołąbko moja, ty moja nieskalana,

bo pełna rosy ma głowa
i kędziory me – kropli nocy».
«Suknię z siebie zdjęłam,
mam więc znów ją wkładać?
Stopy umyłam,
mam więc znów je brudzić?»
Ukochany mój przez otwór włożył rękę swą,
a serce me zadrżało z jego powodu.
Wstałam, aby otworzyć miłemu memu,
a z rąk mych kapała mirra,
z palców mych mirra drogocenna
– na uchwyt zasuwy."
(Pnp 5, 2-5)

„Chociaż mężczyzna i jego żona byli nadzy, nie odczuwali wobec siebie wstydu."
(Rdz 2, 25)

Jezus: „**Kazałem ci dopisać te dwa ostatnie wersety z bardzo ważnego powodu. To prawda, że bardzo cierpiałem, gdy odarto mnie z szat przed ukrzyżowaniem w Miłości – cierpiałem z powodu drwin, nieczystości i nienawistnego okrucieństwa człowieka. Jednak nie cierpiałem ze wstydu. Moje ciało było wielkim darem od Ojca, który pozwolił na widzialne wcielenie się naszej relacji, a więc nie wstydziłem się tego pięknego znaku naszej Miłości. Dlatego zawsze patrz na moją udręczoną** nagość jako na cierpienie Miłości Małżeńskiej. Do tego momentu przecierpiałem wiele, ale było to dopiero jakby przygotowanie do mojego całkowitego daru z siebie w Miłości Małżeńskiej na Krzyżu. Musiałem być nagi w nocy Krzyża, abym mógł oddać się w całkowitej Miłości, ogałacając się dla mojej Oblubienicy-Kościoła oraz dla tych wszystkich dusz, które zechcą Mnie przyjąć. Mój dar był dla wszystkich. Jest to „ślubny prezent" – musisz zobaczyć to głębokie piękno mojej Małżeńskiej Miłości tamtej nocy. Chcę, abyś czytała ten fragment Pieśni nad Pieśniami jako słowa wypowiadane przeze mnie do każdego człowieka. Przychodzę do dusz i przedstawiam siebie – cierpiącego Oblubieńca. Pukam do drzwi ludzkich serc głosem czułej Miłości moich Ran. Jestem otwarty i gotowy, aby wejść i oddać się całkowicie w Miłości – aby ucztować z duszą przy stole mojej ukrzyżowanej Miłości Małżeńskiej. Moje włosy są mokre od rosy Męki, a kiedy zostaję odarty z szat, jestem niejako przygotowywany do obleczenia się w strój weselny, aby w pełni ofiarować się jako dar dla ukochanej. Mówiłem ci już wcześniej o tajemnicy mej nagości i bólu oraz o wielkiej Miłości w nich zawartej, ale teraz chciałbym powiedzieć ci o tym jeszcze więcej. Wielu ludzi dziwnie lęka się i unika zrozumienia tej tajemnicy, a przecież jest ona pełna czystej Miłości, której dzisiaj tak bardzo potrzebują ludzkie serca. Zostałem obnażony, aby ukazać światu swe nagie Rany oraz by otworzyć ludzkie serca na przyjęcie mojej Miłości (oczekując także wzajemności). Zostałem odarty z szat i godności ciała, aby otworzyć najbardziej zamknięte serca. Byłem nagi, uległy i bezbronny w Miłości, aby wezwać dusze do pokornej czystości. Chciałem ofiarować całego siebie, aby nie było żadnych granic między moim ciałem i sercem, a wieloma duszami, które chciałem objąć miłośnie w tę Noc Krzyżową. Skoro Ja przytulam cię w ciemności Krzyża, to i ty musisz być naga i bezbronna, aby nic nie stanęło pomiędzy naszą Miłością. By ponownie przyjąć moją Małżeńską Miłość, musisz być obnażona w zaufaniu, otwartości i uległości – w moich ukrzyżowanych ramionach. Wtedy odczujesz, że moje Rany będą cię ranić, moja Miłość będzie cię scalać i napełniać, me Życie – wlewać się w ciebie, a moje Zmartwychwstanie – zwyciężać w twoim życiu. Staraj się być bardzo blisko Mnie... Wtedy będę mógł udzielić ci głębokiej, czystej, bezinteresownej, miłosiernej Miłości mojej Nocy Krzyżowej. To jest wszystko, co chciałem ci teraz powiedzieć. Odpocznij w moich Ranach, naga i zjednoczona ze mną. To jest moim błogosławieństwem dla ciebie... Amen."

16. Jezus przybity do Krzyża

„Rozlany jestem jak woda
i rozłączają się wszystkie moje kości;
jak wosk się staje moje serce,
we wnętrzu moim topnieje.
Moje gardło suche jak skorupa,

Męka, Krzyż i Śmierć Pana Jezusa

język mój przywiera do podniebienia,
kładziesz mnie w prochu śmierci.
Bo [sfora] psów mnie opada,
osacza mnie zgraja złoczyńców.
Przebodli ręce i nogi moje,
policzyć mogę wszystkie moje kości."
(Ps 22, 15-18a)

„Gdy Go ukrzyżowali, (…) tam Go pilnowali. A nad głową Jego umieścili napis z podaniem Jego winy: «To jest Jezus, Król Żydowski». Wtedy też ukrzyżowano z Nim dwóch złoczyńców, jednego po prawej, drugiego po lewej stronie. Ci zaś, którzy przechodzili obok, przeklinali Go i potrząsali głowami, mówiąc: «Ty, który burzysz przybytek i w trzech dniach go odbudowujesz, wybaw sam siebie; jeśli jesteś Synem Bożym, zejdź z krzyża!» Podobnie arcykapłani z uczonymi w Piśmie i starszymi, szydząc, powtarzali: «Innych wybawiał, siebie nie może wybawić. Jest królem Izraela: niechże teraz zejdzie z krzyża, a uwierzymy w Niego. Zaufał Bogu: niechże Go teraz wybawi, jeśli Go miłuje. Przecież powiedział: „Jestem Synem Bożym"». Tak samo lżyli Go i złoczyńcy, którzy byli z Nim ukrzyżowani."
(Mt 27, 35a, 36-42a. 43a, 44)

„Tam dawali Mu wino zaprawione mirrą, lecz On nie przyjął. Wtedy Go ukrzyżowali."
(Mk 15, 23-24a)

„Gdy przyszli na miejsce, zwane «Czaszką», ukrzyżowali tam Jego i złoczyńców, jednego po prawej, drugiego po lewej Jego stronie."
(Łk 23, 33)

„A Ja, gdy zostanę nad ziemię wywyższony, przyciągnę wszystkich do siebie»."
(J 12, 32)

„Tam Go ukrzyżowano, a z Nim dwóch innych, z jednej i drugiej strony, pośrodku zaś Jezusa."
(J 19, 18)

„Inni więc uczniowie mówili do niego: «Widzieliśmy Pana!» Ale on rzekł do nich: «Jeżeli na rękach Jego nie zobaczę śladu gwoździ i nie włożę palca mego w miejsce gwoździ, i nie włożę ręki mojej do boku Jego, nie uwierzę». (…) Jezus rzekł do Tomasza: «Podnieś tutaj swój palec i zobacz moje ręce. Podnieś rękę i włóż [ją] do mego boku, i nie bądź niedowiarkiem, lecz wierzącym!»"
(J 20, 25. 27)

„A jak Mojżesz wywyższył węża na pustyni, tak potrzeba, by wywyższono Syna Człowieczego, aby każdy, kto w Niego wierzy, miał życie wieczne."
(J 3, 14-15)

Jezus: „Moje ręce i nogi zostały przebite gwoździami, ale me Serce i dusza były przebite grzechem człowieka. Po zdarciu szat położono mnie na ziemi. Związano mi ręce i nogi sznurami, a potem przywiązano do drzewa krzyża. Następnie przybijano do niego po kolei wszystkie moje członki. Kiedy metal przechodził przez moją skórę, wbijał się głęboko w nerwy, porażając mnie promieniującym bólem, który czułem w całym ciele. Pierwszy gwóźdź został wbity w prawą rękę, co symbolizuje te wszystkie cierpienia, jakie zniosłem w intencji pokoju i jedności nie tylko pomiędzy moimi dziećmi, ale także w ich duszach – między nimi a Bogiem. Cierpiałem, aby ofiarować im pokój w tym nieprzyjaznym świecie, który wciąż jest pod panowaniem grzechu. Następnie żołnierze naciągnęli moje lewe ramię tak mocno, że zostało zwichnięte w barku. To cierpienie było tak wielkie, że w mniejszym stopniu odczuwałem ból w drugiej dłoni. Moja lewa ręka została przebita w intencji czystości – aby ocalić i przywrócić do życia tych, którzy są atakowani przez pokusy oraz tych, którzy są pogrążeni w grzechach nieczystości. Tylko czyste serce może oglądać Boga. Dlatego też cierpiałam ból lewej ręki i ramienia, aby oczyścić serca zbrukane grzechem... Pragnąłem, by moja Miłość mogła w nie wejść, żeby je uzdrowić, napełnić i doprowadzić do Królestwa mojego Ojca.

Wówczas jeden z żołnierzy gwałtownie usiadł na moich nogach, by dociągnąć stopy do miejsca, w którym znajdował się otwór na gwóźdź. Gdy rozciągano i przesuwano moje nogi w różne strony, całe moje ciało dygotało z bólu, ponieważ gwoździe w rękach, które przechodziły bezpośrednio przez nerwy, powodowały ich szarpanie i rozrywanie. Gdy odczułem uderzenia młota oraz gwóźdź wbijający się w moje stopy, doznałem rwącego prądu bólu sięgającego aż do pleców, co ofiarowałem szczególnie w intencji daru pokory. Pokora jest skarbem podarowanym przez Boga wszystkim duszom, lecz przyjętym tylko przez nielicznych... Jest to cnota, bez której nikt nie może dojść do naszej Miłości. Ja, który byłem Synem Bożym, zgiąłem moje mocne nogi w pokornym posłuszeństwie, rezygnując z kontroli nad własnym życiem, aby w tym ostatnim i największym momencie próby zaufać jedynie Ojcowskiemu planowi Miłości. Moje stopy z otwartymi ranami są darem dla maluczkich dusz, ponieważ i one są blisko ziemi, gdzie płynie Źródło, z którego mogą swobodnie czerpać. Gdyby tylko ludzie zechcieli przyjąć te wszystkie łaski pokory, które Ja ofiaruję z powodu ran moich stóp... byłoby im o wiele łatwiej wejść do Królestwa Ojca mojego.

Na koniec mój Krzyż został postawiony w pozycji pionowej. W tym momencie ból promieniujący z uszkodzonych nerwów spotęgował się, gdyż cały ciężar mojego Ciała zawisł na Krzyżu. To było morze bólu - gwałtowny sztorm, który wstrząsnął nie tylko całym moim ciałem, ale i duszą. Wszystko wydawało się być stracone w tej krzyżowej Męce... A jednak moje małe Serce biło w uwielbieniu i miłości wobec woli i chwały Boga. Ma dusza modliła się „Alleluja", podczas gdy moje członki zaczynały umierać...

Jak opisać trzy godziny męki na Krzyżu? Każda chwila przynosi ze sobą nowy ból, który nie da się już uśmierzyć, gdyż prowadzi do nieuchronnej śmierci. Pośród cierpienia czas staje w miejscu i wydaje się jakby bez znaczenia. Nie liczyłem sekund do końca mej Męki, gdyż sam nie wiedziałem, kiedy nastąpi jej koniec... Czekałem w ciemności na Słowo i zaproszenie mojego Ojca. Nie liczyłem czasu, lecz żyłem od oddechu do oddechu, od „fiat" do „fiat", od Miłości do Miłości. Wtedy tak naprawdę przestałem już żyć jako mieszkaniec ziemi, bo moja Miłość, posłuszeństwo i przebaczenie sięgały od wieków aż po wieczność, przywracając i uzdrawiając wszystko. Jednak Ja widziałem tylko ciemność.

Jakie przesłanie niosą ze sobą gwoździe, trzymające mnie na Krzyżu, które takim bólem przebijały i przeszywały moje nerwy? To cierpienie oznaczało, że moja Męka i Miłość miały dotrzeć do każdego zakątka mej istoty i przyciągnąć wszystko do źródła Życia we mnie. Gdy gwoździe przebiły moje nerwy, nieprawdopodobny ból rozlał się w całym moim ciele - poprzez system nerwowy.

Z ciemności...

Jest to najbardziej wrażliwy z ludzkich układów, jeśli chodzi o odczuwanie cierpienia. Podczas gdy gwoździe przeszywały moje ciało i nerwy (pochłaniając mnie w fizycznym cierpieniu), nowe tortury ciemności, zamieszania i strachu opanowały moje ukrzyżowane Serce oraz te wrażliwe, otwarte, delikatne i podatne na zranienie obszary ludzkiego ciała, jak umysł, wyobraźnia i uczucia. Moja pamięć została niejako „przebita" poprzez zniszczenie połączeń nerwowych, co spowodowało, że umysłowo jakby „zapomniałem" o wiernej Miłości mojego Ojca, choć moje Serce nadal ją „pamiętało" i przeżywało. Szatan ze swoimi pokusami i szyderczymi drwinami wszedł wtedy w najgłębsze pokłady mego Serca, czyli w moją Miłość wobec Niebieskiego Ojca, a także mej Matki, uczniów i przyjaciół, próbując także oddzielić i oderwać mnie od wiary w opiekę Boga nad nimi. Wszystko w moim życiu wydawało się być już jedną wielką raną... Ból odczuwany w nerwach mojego ciała i duszy rozciągał się w czasie i przestrzeni, jako że miałem pozostać wiecznie otwarty – w tej głębokiej Miłości – poprzez cud Eucharystii. Moja Zmartwychwstała Miłość miała w ten sposób przyjść do ludzkości w mocy uzdrowienia. Zmartwychwstanie będzie jednak przeżywane razem z moim Ukrzyżowaniem. Trzymała mnie nadzieja, że tak jak głęboko i daleko sięga moje cierpienie, tak samo będę zjednoczony z moim Ojcem – wierząc w Jego Miłość, która przeniesie mnie przez wszystko.

To jest lekcja także dla twojego życia. Jest ona bardzo prosta. Kiedy będę dzielił najgłębsze cierpienia mej Nocy Krzyżowej, będą one rozbrzmiewały w twoim ciele i duszy poprzez najbardziej wrażliwe, delikatne nerwy. Będzie ci się wydawało, że ten ból pochłania całą twą istotę. Musisz jednak pamiętać, że to raczej moja Miłość Ukrzyżowana pochłania ciebie. Dzięki temu Ja wkraczam w twoje istnienie – głęboko, w mojej Miłości Małżeńskiej, w tańcu Miłości. Pragnę wypełnić cię moim Życiem i Miłością mego Serca. Proszę, pozostań otwarta i przyjmij mnie. Gdy będę przechodził od całowania zewnętrznych obszarów twojego życia w głąb ciebie (do samego wnętrza twojej istoty), umieszczę moją Ukrzyżowaną Miłość i Życie w samym jej centrum. To całe moje działanie pochłonie cię w bólu – „fiat"... Ale w ten sposób umrzesz w Miłości, z Miłością i dla mojej Miłości, a wtedy staniesz się głęboko zjednoczona ze mną w nocy mego Krzyża. Ta jedność stanie się wielką radością twojego serca. A kiedy moje Zmartwychwstanie wkroczy w tę noc, aby odnowić i zwyciężyć wszystko, będziemy już na zawsze zjednoczeni w Wieczności. Błogosławię cię. Amen."

17. Jezus okazuje wielkie Miłosierdzie z Krzyża

„Miłujcie waszych nieprzyjaciół; dobrze czyńcie tym, którzy was nienawidzą; błogosławcie tym, którzy was

przeklinają, i módlcie się za tych, którzy was oczerniają. (…) Bądźcie miłosierni, jak Ojciec wasz jest miłosierny."
(Łk 6, 27-28. 36)

„Lecz Jezus mówił: «Ojcze, przebacz im, bo nie wiedzą, co czynią». Potem rozdzielili między siebie Jego szaty, rzucając losy."
(Łk 23, 34)

„Jeden ze złoczyńców, których [tam] powieszono, urągał Mu: «Czy Ty nie jesteś Mesjaszem? Wybaw więc siebie i nas». Lecz drugi, karcąc go, rzekł: «Ty nawet Boga się nie boisz, chociaż tę samą karę ponosisz? My przecież – sprawiedliwie, odbieramy bowiem słuszną karę za nasze uczynki, ale On nic złego nie uczynił». I dodał: «Jezu, wspomnij na mnie, gdy przyjdziesz do swego królestwa». Jezus mu odpowiedział: «Zaprawdę, powiadam ci: Dziś ze Mną będziesz w raju»."
(Łk 23, 39-43)

„A obok krzyża Jezusowego stały: Matka Jego i siostra Matki Jego, Maria, żona Kleofasa, i Maria Magdalena. Kiedy więc Jezus ujrzał Matkę i stojącego obok Niej ucznia, którego miłował, rzekł do Matki: «Niewiasto, oto syn Twój». Następnie rzekł do ucznia: «Oto Matka twoja». I od tej godziny uczeń wziął Ją do siebie."

(J 19, 25-27)

Jezus: „Miłość miłosierna, którą przeżywałem w zjednoczeniu z Ojcem, rozciągała się na całe moje życie, a więc i na tę Noc Krzyża. Im bardziej byliśmy znieważani i nienawidzeni, tym większe były bramy miłosierdzia, które otwierały się z ran mojego Serca. Wypływało stąd miłosierdzie dla tych, którzy zgrzeszyli przeciwko mnie – aby przywrócić ich do życia w pełnym zjednoczeniu z Naszą Trynitarną Miłością. Nie przyszedłem na ziemię tylko po to, aby głosić miłosierdzie, ale by być żywą ofiarą miłosierdzia. Miałem stać się miłosierdziem pośród tego świata, który w głębinach grzechu zapomniał, co w ogóle oznacza ten rodzaj Miłości... A ponieważ ludzie zapomnieli o okazywaniu miłosierdzia innym, utracili całkowicie swoją zdolność do miłowania w ten sposób, co z kolei uniemożliwiło ich sercom przyjęcie miłosierdzia ode mnie. Albowiem serce otwiera się na przyjęcie miłosierdzia tylko wtedy, gdy samo umie je okazać. Gdy Dyzma-Dobry Łotr, okazał Mi miłosierdzie na Krzyżu, jego serce otworzyło się na przyjęcie mojego miłosierdzia. Na Krzyżu modliłem się o przebaczenie dla tych, którzy mnie skrzywdzili. Prosząc o miłosierdzie w ich imieniu – i cierpiąc w tej intencji – pragnąłem, by ich serca otworzyły się na przyjęcie wielkiego daru miłosierdzia, które Bóg zechciał ofiarować przez moją Krew. Oddanie mojej Matki

Janowi i całej ludzkości również było aktem mojego żywego miłosierdzia z Krzyża. Miłosierdzie i przebaczenie nie jest czymś, co dana osoba powie lub pomyśli – ma ono być rzeczywiste, konkretne, doświadczalne i widoczne. Miłość miłosierna musi być widzialna. Dlatego dałem moją Matkę Janowi, a także tym wszystkim ludziom, którzy mnie zranili, wyśmiali lub źle zrozumieli. Ofiarowałem Ją jako dar miłosierdzia, choć wiedziałem, że czyn ten będzie z czasem zapomniany, wyśmiany lub niezrozumiany. Jednak chciałem okazać – w Niej – widzialny dar mej Miłości, gdyż Maryja zawsze żyła miłosierdziem w zjednoczeniu z moim Sercem. Ona jest największym darem mojej miłosiernej Miłości dla całej ludzkości. Jest darem także dla grzeszników, ponieważ po mojej śmierci na Krzyżu mogli oni odnaleźć w Niej moje współczucie, przebaczenie, pokorę i czułą, czystą Miłość. W Maryi ludzie zobaczą realizację mojej obietnicy i modlitwy miłosierdzia: „Ojcze przebacz im, bo nie wiedzą, co czynią". To w Niej ludzkość odnajdzie schronienie mego kochającego Serca, które będzie troszczyć się o ich zranione dusze, a także dodawać im otuchy, wstawiać się za nimi, kochać i uzdrawiać ich w moje Imię oraz przez moją Krew (którą Maryja zawsze ceniła, przechowując ją w swoim sercu). Tego dnia przelałem także i Jej krew, gdyż to przecież od mej Matki otrzymałem dar człowieczeństwa.

Przelałem wtedy również i twoją krew, ponieważ ty i Ja staliśmy się jedno. Na Krzyżu przelałem krew wszystkich męczenników świata – w Miłości – oraz wszystkich ludzi cierpiących i grzeszących, aby złożyć za nich ofiarę zbawienia. Gdy cierpisz w ciemnej nocy swojego ciała i duszy, wylewasz moją Krew dla świata. Przyszedłem, aby żyć głęboko w tobie – nie tylko w mojej ukrzyżowanej, cierpiącej Miłości, ale także poprzez Eucharystię. A skoro jesteśmy jedno w cierpieniu, musimy też być jedno w Miłości miłosiernej. Jedno nie ma sensu bez drugiego. Udzielam ci dzisiaj wielkiego błogosławieństwa Miłości miłosiernej – Miłości, która w sposób widoczny żyje przebaczeniem jako ofiarą za grzech. Wchodząc coraz głębiej w moje Rany, pij proszę w pełni z tych łask, które ci daję, abyś mogła żyć moim nieprzebranym miłosierdziem w twojej cierpiącej Miłości. Dzięki temu twoje serce będzie otwarte jeszcze szerzej na przyjęcie mojego miłosierdzia, a przez to staniemy się jednością. Błogosławię cię w imię mojej Miłości. Amen."

18. Jezus pragnie

„Rozlany jestem jak woda
i rozłączają się wszystkie moje kości;
jak wosk się staje moje serce,
we wnętrzu moim topnieje.
Moje gardło suche jak skorupa,
język mój przywiera do podniebienia,
kładziesz mnie w prochu śmierci."

Z ciemności...

(Ps 22, 15-16)

„Jak długo, Panie, całkiem o mnie nie będziesz pamiętał?
Dokąd kryć będziesz przede mną oblicze?
Dokąd w mej duszy będę przeżywał wahania,
a w moim sercu codzienną zgryzotę?
Jak długo mój wróg nade mnie będzie się wynosił."
(Ps 13, 2-3)

„Potem Jezus świadom, że już wszystko się dokonało, aby się wypełniło Pismo, rzekł: «Pragnę»."
(J 19, 28)

„Było tam źródło Jakuba. Jezus zmęczony drogą siedział sobie przy studni. Było to około szóstej godziny. Nadeszła [tam] kobieta z Samarii, aby zaczerpnąć wody. Jezus rzekł do niej: «Daj Mi pić!»"
(J 4, 6-7)

„Jezus odpowiedział jej na to: «O, gdybyś znała dar Boży i [wiedziała], kim jest Ten, kto ci mówi: „Daj Mi się napić" – prosiłabyś Go wówczas, a dałby ci wody żywej»."
(J 4, 10)

„Ja pragnącemu dam darmo pić ze źródła wody życia."
(J 21, 26b)

„Od godziny szóstej mrok ogarnął całą ziemię, aż do godziny dziewiątej. Około godziny dziewiątej Jezus zawołał donośnym głosem: «Eli, Eli, lema sabachthani?», to znaczy Boże mój, Boże mój, czemuś Mnie opuścił?"
(Mt 27, 45-46)

„A gdy nadeszła godzina szósta, mrok ogarnął całą ziemię aż do godziny dziewiątej. O godzinie dziewiątej Jezus zawołał donośnym głosem: «Eloi, Eloi, lema sabachthani», to znaczy: Boże mój, Boże mój, czemuś Mnie opuścił? Niektórzy ze stojących obok, słysząc to, mówili: «Patrz, woła Eliasza». Ktoś pobiegł i napełniwszy gąbkę octem, włożył na trzcinę i dawał Mu pić, mówiąc: «Poczekajcie, zobaczymy, czy przyjdzie Eliasz, żeby Go zdjąć [z krzyża]»."
(Mk 15, 33-36)

„A Ten, który Mnie posłał, jest ze Mną; nie pozostawił Mnie samego, bo Ja zawsze czynię to, co się Jemu podoba»."
(J 4, 29)

Z ciemności...

Jezus: "Głębia mojego pragnienia była większa, niż możesz to sobie wyobrazić czy pojąć. Moje pragnienie na Krzyżu sięgało tak głęboko, daleko i szeroko, jak niezgłębiona jest otchłań mojej Miłości. Tak, me pragnienie na Krzyżu było też i fizyczne. Moje gardło i całe ciało, opróżnione z płynów przez utratę krwi, potu i łez, wyschło jak pustynia bez życia. Ogień mojej Miłości ogarnął i pochłonął bowiem wszystko. Jednak pragnienie, o którym wspominam w moich słowach z Krzyża, jest przede wszystkim pragnieniem Miłości. Pragnąłem napoju Miłości mojego Ojca, który przyniósłby ze sobą Światło Jego promiennej Prawdy. Pragnąłem miłości od moich stworzeń, mimo iż była ona zmieszana z ich egoistycznymi pragnieniami i pobudkami; pragnąłem więc, aby ludzka miłość stała się czysta. Pragnąłem miłości od mojej Matki i od wszystkich sprawiedliwych dusz na tym świecie. Bolał mnie bardzo widok wielkiej ciemności i bólu, jaki będą musiały one cierpieć z powodu zła popełnianego przez innych ludzi. Pragnąłem miłować, odnajdując dusze oczekujące i gotowe na przyjęcie wielkiej głębi i darów mojej Miłości. Pragnąłem tych, którzy są zbyt zagubieni, by sami mogli pragnąć sprawiedliwości, Prawdy i Boga. Pragnąłem dusz, które są zbyt zranione, aby być świadome tego, że same pragną czystej Miłości. Pragnąłem zadośćuczynić za wszystkie złe pragnienia, oszustwa, pożądania i nieumiarkowania, które kusiły i rządziły tak wieloma duszami na świecie. Me pragnienie było więc z

Miłości i w Miłości... Mój Ojciec odpowiedział jednak na ten ogrom pragnienia – odkupiając ludzkość.

Nigdy nie lękaj się zbyt głębokiego pragnienia, nawet jeśli twoje pragnienie mojej Miłości doprowadzi cię aż do śmierci, tak jak mnie. Taka śmierć jest jednak śmiercią z Miłości i dla Miłości, a więc i w Miłości. Wchodząc w wielką noc walki Krzyża – walki o Prawdę i Miłość – będziesz cierpieć wielkie pragnienie, zarówno fizyczne, jak i duchowe. Nasyć swoje pragnienie (które jest tak naprawdę moim pragnieniem wzrastającym w tobie) napojem mej cierpiącej Miłości. Kiedy pragniesz, robisz więcej miejsca w swym sercu oraz stajesz się gotowa, by przyjąć moją uzdrawiającą Miłość do swego wnętrza. To nas jednoczy jako jedno ciało, jedną duszę, jedno pragnienie. Jak już ci mówiłem, twoje pragnienie mnie najpierw cię oczyści, a potem przemieni się w moje pragnienie na Krzyżu. W tym moim pragnieniu w tobie będzie słychać pieśń Miłości, która wezwie cię w moje ramiona, ku naszej Małżeńskiej Nocy Miłości. Raduj się tym moim pragnieniem, bo jest ono głębokim znakiem mojej obecności i Miłości. Błogosławię cię przez swoje pragnienie w mej ciemnej ukrzyżowanej Miłości. To pragnienie poprowadzi cię w głąb najgłębszych ran mojego Serca, do samego źródła mojej Miłości. Nie odwracaj się ani na prawo, ani na lewo na tej ciemnej, samotnej ścieżce. Proszę, byś miała wzrok utkwiony w mojej Miłości. Pamiętaj, że nic cię nie może odłączyć się od twego Zbawiciela – dopóki trwasz we mnie i jesteś ze mną zjednoczona w swoim pozornie niekończącym się nocnym poszukiwaniu i pragnieniu. Powiedz po prostu „fiat" w całej twej małości i ufnej Miłości, po czym odpocznij we mnie – twoim wiecznie wiernym Oblubieńcu Miłości, tak jak Ja odpoczywam w tobie. Amen."

19. Jezus umiera na Krzyżu

„Zaprawdę, zaprawdę, powiadam wam: Jeżeli ziarno pszenicy wpadłszy w ziemię nie obumrze, zostanie tylko samo, ale jeżeli obumrze, przynosi plon obfity."
(J 12, 24)

„Teraz władca tego świata zostanie precz wyrzucony. A Ja, gdy zostanę nad ziemię wywyższony, przyciągnę wszystkich do siebie»."
(J 12, 31b-32)

„Było już około godziny szóstej i mrok ogarnął całą ziemię aż do godziny dziewiątej. Słońce się zaćmiło i zasłona przybytku rozdarła się przez środek. Wtedy Jezus zawołał donośnym głosem: «Ojcze, w Twoje ręce powierzam ducha mojego.» Po tych słowach wyzionął ducha. Na widok tego, co się działo, setnik oddał chwałę Bogu i mówił: «Istotnie, człowiek ten był sprawiedliwy». Wszystkie też tłumy, które

zbiegły się na to widowisko, gdy zobaczyły, co się działo, wracały bijąc się w piersi. Wszyscy Jego znajomi stali z daleka; a również niewiasty, które Mu towarzyszyły od Galilei, przypatrywały się temu."
(Łk 23, 44-49)

„A Jezus raz jeszcze zawołał donośnym głosem i wyzionął ducha. A oto zasłona przybytku rozdarła się na dwoje z góry na dół; ziemia zadrżała i skały zaczęły pękać. Groby się otworzyły i wiele ciał Świętych, którzy umarli, powstało. I wyszedłszy z grobów po Jego zmartwychwstaniu, weszli oni do Miasta Świętego i ukazali się wielu. Setnik zaś i jego ludzie, którzy odbywali straż przy Jezusie, widząc trzęsienie ziemi i to, co się działo, zlękli się bardzo i mówili: «Prawdziwie, Ten był Synem Bożym»."
(Mt 27, 50-54)

„Na świecie było [Słowo],
a świat stał się przez Nie,
lecz świat Go nie poznał.
Przyszło do swojej własności,
a swoi Go nie przyjęli.
A Słowo stało się ciałem
i zamieszkało wśród nas.
I oglądaliśmy Jego chwałę,

chwałę, jaką Jednorodzony otrzymuje od Ojca, pełen łaski i prawdy."
(j 1, 10-11.14)

„Rzekł więc do nich Jezus: «Gdy wywyższycie Syna Człowieczego, wtedy poznacie, że JA JESTEM i że Ja nic od siebie nie czynię, ale że to mówię, czego Mnie Ojciec nauczył. »"
(J 8, 28)

„Lecz Jezus zawołał donośnym głosem i oddał ducha."
(Mk 15, 37)

„A gdy Jezus skosztował octu, rzekł: «Wykonało się!» I skłoniwszy głowę oddał ducha."
(J 19, 30)

„Ten jest mój Syn umiłowany, w którym mam upodobanie."
(Mt 3, 17b)

„I otrze z ich oczu wszelką łzę, a śmierci już odtąd nie będzie. Ani żałoby, ni krzyku, ni trudu już [odtąd] nie będzie, bo pierwsze rzeczy przeminęły». I rzekł Zasiadający na tronie: «Oto czynię wszystko nowe»."
(Ap 21, 4-5a)

Jezus: „Mój Duch zawsze należał do mego Ojca. On dał mi swoje Tchnienie Życia poprzez me Wcielenie, a Ja nigdy nie zagarnąłem tego Ducha tylko dla siebie. Zawsze pozwalałem, aby mój Duch był też i Jego – nasz Święty Duch Miłości przemieszczał się swobodnie pomiędzy naszymi Sercami, kierując każdym moim krokiem i słowem. To Boży Duch utrzymywał mnie w milczeniu lub dawał życie moim słowom, gdy przemawiałem. Zstępując z Nieba, dostałem proste zadanie od mojego Ojca, które miałem wykonać razem z Nim: było to głoszenie Jego Królestwa i odkupienie całej ludzkości, czyli przywrócenie jej z powrotem do Miłości Boga. Kiedy wykonałem wszystko, o co Ojciec prosił i czego żądał ode mnie, wróciłem do Niego – do Domu. I twoje życie jest tak proste – tak jak prosta jest historia Bożej Miłości.

Ciemność moich ostatnich chwil obnażyła mnie do końca i pozbawiła resztek sił. Mój ostatni krzyk (oddający duszę Temu, który mnie stworzył i umiłował we wcieleniu mojego Ciała) był ostatnim krzykiem Oblubieńczej Miłości. Zawsze żyłem w głębokim zjednoczeniu z Ojcem, jak również z moim ludem, dla którego przyszedłem na świat. Pogłębiłem to zjednoczenie w mojej Męce i Ukrzyżowaniu, gdy nasze ludzkie byty zjednoczyły się ściśle w ciemnościach posłusznej, cierpiącej Miłości. Im głębiej i mocniej przyciągałem do Siebie cierpienie i grzech człowieka, tym pełniej stanowiliśmy jedno. W tych ostatnich chwilach na Krzyżu całe piekło podniosło alarm, gdyż Ja zwyciężałem, pokonując grzech, ból i śmierć w posłusznym oddaniu się Miłości. Kiedy moce piekielne ze zdwojoną siłą zaatakowały me i tak już osłabione ciało, duszę i ducha, moje Serce biło jednak szaleńczo z Miłości do mojego Ojca, ofiarowując wszystko – Kim byłem – w głębokim zjednoczeniu z Nim, aby tylko utrzymać tę wzajemną jedność... A kiedy oddałem swego ducha, umarłem w ekstazie bólu Miłości Ukrzyżowanej. Tak jak człowiek oddaje swoje życie z bezinteresownej miłości w ciemnościach nocy, tak i Ja zostałem ogołocony i wyniszczony w mym darze życia, wołając głośno w cierpiącym, miłosnym „fiat" – wciąż w zjednoczeniu z Ojcem. Pragnę, abyś w tym mnie naśladowała. Kiedy oddałem swoje życie Bogu, On dał mojej duszy dar swojego Zmartwychwstania. Dlatego wtedy, gdy oddaję ci moje życie, obdarzając jednocześnie ludzkość udziałem w mej wielkiej Miłości (jako miłosną ofiarę i dar dla Ojca) oraz gdy ludzie ponownie przyjmują mój dar życia do swych umierających dusz – otrzymujesz moją bezinteresowną umierającą Miłość, aby żyć, świadczyć i dawać życie z głębi swej istoty. Przygarniam cię do siebie w mych ostatnich chwilach najgłębszego cierpienia i bólu (gdy słyszałem zgrzytanie zębów w czeluściach piekła), bo nie chcę być w niczym oddzielony od ciebie. Pragnę dzielić z tobą całą Miłość mojego ukrzyżowanego Serca. Gdy jesteś w podobnych ciemnościach i czujesz, że ziemia porusza się pod tobą oraz wstrząsa twoim sercem, wiedz, że dzieje się to z powodu mojej Miłości, która wlewa moje życie w ciebie. W takich momentach Ja jestem bardzo blisko. Poprzez moje dzieło oddania się – odnawiam i zbawiam świat. W tej ciemnej, trzeciej godzinie dnia jest ukryte wielkie piękno... Pragnę otworzyć je przed tobą. Przez mój dar zbawczej Miłości uczyniłem wszystko nowe. Moja Miłość przemieniła wszelkie cierpienie, grzech i śmierć. Moje życie na Krzyżu ociera każdą łzę, wydając owoce trwające całą wieczność. Zaprawdę, Miłość Zbawiciela zwyciężyła w najciemniejszej i najstraszliwszej ze wszystkich nocy.

Dlatego proszę cię, abyś żyła w tej zwycięskiej Miłości. Przyciągam cię do niej coraz mocniej, za każdym twoim „fiat". Kocham cię, moja droga mała dziecino, ukochana oblubienico i duszo tak drogocenna, bo pragniesz i pozwalasz mi otwierać w tobie tajemnice mojego Serca oraz strzeżesz ich w tym Boskim, czystym i pięknym Świetle. Pozostań ze mną w tej nocy, teraz i zawsze. Jedyne, co masz czynić, to pozostać tu – trzymając moją rękę i przytulając się do mego boku... Moja Miłość dokona reszty.

Błogosławię cię w Miłości, przez moją śmierć na Krzyżu. Fiat. Amen."

20. Krew i woda – Serce Jezusa otwarte w Miłości

„Ponieważ był to dzień Przygotowania, aby zatem ciała nie pozostawały na krzyżu w szabat – ów bowiem dzień szabatu był wielkim świętem – Żydzi prosili Piłata, aby ukrzyżowanym połamano golenie i usunięto ich ciała. Przyszli więc żołnierze i połamali golenie tak pierwszemu, jak i drugiemu, którzy z Nim byli ukrzyżowani. Lecz gdy podeszli do Jezusa i zobaczyli, że już umarł, nie łamali Mu goleni, tylko <u>jeden z żołnierzy włócznią przebił Mu bok i natychmiast wypłynęła krew i woda.</u> (…) Stało się to bowiem, aby się wypełniło Pismo: Kość jego nie będzie złamana. I znowu na innym miejscu mówi Pismo: <u>Będą patrzeć na Tego, którego przebili.</u>"
(J 19, 31-34.36-37)

„Oto nadchodzi z obłokami, i ujrzy Go wszelkie oko i wszyscy, którzy Go przebili."
(Ap 1, 7)

„<u>Przyjdźcie do Mnie</u> wszyscy, którzy utrudzeni i obciążeni jesteście, a Ja was pokrzepię. Weźcie moje jarzmo na siebie i uczcie się ode Mnie, bo <u>jestem cichy i pokorny sercem</u>, a <u>znajdziecie ukojenie dla</u>

dusz waszych. Albowiem jarzmo moje jest słodkie, a moje brzemię lekkie»."
(Mt 11, 28-30)

„Jeśli ktoś jest spragniony, a wierzy we Mnie – niech przyjdzie do Mnie i pije!"
(J 7, 37b)

„Następnie wziął chleb, odmówiwszy dziękczynienie połamał go i podał mówiąc: «To jest Ciało moje, które za was będzie wydane: to czyńcie na moją pamiątkę!» Tak samo i kielich po wieczerzy, mówiąc: «Ten kielich to Nowe Przymierze we Krwi mojej, która za was będzie wylana. »"
(Łk 22, 19-20)

„Na początku było Słowo, a Słowo było u Boga, i Bogiem było Słowo. Ono było na początku u Boga. Wszystko przez Nie się stało, a bez Niego nic się nie stało, co się stało. W Nim było życie, a życie było światłością ludzi, a światłość w ciemności świeci i ciemność jej nie ogarnęła."
(J 1, 1-5)

Jezus: **„Podczas Męki moje Serce było przebijane, ranione i otwierane wiele razy – wciąż na nowo – przez grzech człowieka. A ponieważ ludzie potrzebują doświadczyć** widzialnej, konkretnej miłości, to nie chciałem, aby ta najgłębsza rana mojego Serca pozostała ukryta i niewidoczna dla świata. Dlatego też mój Duch pociągnął żołnierzy do tego, by przebili mój bok, aby z niego wypłynęła krew i woda – żywe źródło miłosierdzia dla całego stworzenia. Chciałem oddać wszystko, wylać z siebie całe moje życie i – poprzez me Rany – pozostać nagim i otwartym jako zaproszenie dla świata. W mym zranionym Sercu było ukryte świadectwo pokornej cichości oraz mej wielkiej Miłości miłosiernej, która prawdziwie mogła dać życie tym wszystkim, którzy przychodzili, aby z niej pić. W moim boku, przebitym przez żołnierza po śmierci, ukazała się w pełni – ten jeden jedyny raz – cała tajemnica Eucharystycznej Ofiary mojego zranionego Serca. Tę samą Eucharystię, którą sprawowałem w czwartek paschalny, przeżywałem potem w mroczny piątek. Dar mej Miłości dla świata nie zakończył się ani nie ustał wraz ze śmiercią; wszak moi uczniowie oczekiwali na Zmartwychwstanie... Mój miłosny dar wyszedł poza granicę śmierci, ponieważ właśnie wtedy miłosierdzie rozlało się przez krew i wodę; będzie rozlewało się ono nadal – w łamaniu chleba przez moich uczniów.

Tajemnica rany mojego Serca (w tym wewnętrznym cierpieniu duchowym, jakie zniosłem, jak również w ranie fizycznej zadanej przez ostrze włóczni) jest tajemnicą Eucharystyczną. Moja ukrzyżowana Miłość jest Miłością Eucharystyczną, gdyż moje Eucharystyczne Serce jest

Sercem Ukrzyżowanym. Ta tajemnica jest bardzo ważna nie tylko dla ciebie, ale i dla wszystkich ludzi w dzisiejszym Kościele. Zawsze, gdy oddaję się ludziom, gdy leżę przed nimi na ołtarzu, gdy wchodzę w ich ciała i serca podczas Komunii świętej – dar mojego Eucharystycznego Serca jest darem Serca zranionego z Miłości do nich, ofiarowanego po to, żeby ich uzdrowić, umocnić i zachęcić na drodze życia wiodącej do domu. Moje Serce jest żywym zaproszeniem dla każdej duszy, aby weszła ze mną w tajemnicę Kalwarii, obmyła się w mojej Krwi, przyoblekła w moją Miłość i pozwoliła na bycie karmioną i napełnioną moim życiem. Pragnę umieścić żywe źródło życiodajnej krwi i wody w każdym sercu, które będzie przyjmować mnie w Eucharystii. Dusze mogą wprawdzie czuć się początkowo zranione przez „ostre brzegi" rany mojego Serca (gdy będą przyciśnięte do mej piersi), ale to tam zostaną uzdrowione. Rany, które same leczą – oto dar, który chcę ofiarować mojemu Kościołowi, a także i tobie dzisiaj. Dziecię umiłowane, pragnę być zraniony w zjednoczeniu z tobą i w tobie (a ty we mnie), abyśmy – w miarę jak będziemy uzdrawiani – zjednoczyli się w naszych ciałach, duszach i miłujących sercach. To jest właśnie tajemnica Kalwarii. Zapraszam cię, abyś weszła dziś w tę tajemnicę razem ze mną – w twoim życiu. Czy jesteś gotowa być głęboko zraniona, aby zostać uzdrowiona – w jedności ze mną? Pytam cię, o duszo, jak głęboko, jak wysoko, jak szeroko i jak bardzo jesteś w stanie pozwolić na to, by moja Miłość cię wypełniła, pochłonęła, opanowała i zjednoczyła ze mną? Idź teraz na moją Eucharystyczną Ucztę, a potem będę pouczał cię dalej...

... Moje Eucharystyczne Serce jest zaproszeniem dla ciebie, dziecię moje, abyś zawsze żyła mą ukrzyżowaną Miłością. Również każda chwila, w której moje ukrzyżowane ciało, serce, umysł i dusza obejmują cię pieszczotą, jest zaproszeniem dla ciebie, abyś żyła głęboko zjednoczona z moim Eucharystycznym Sercem przebywającym w tobie. Pragnę twojego trwałego zjednoczenia ze mną. Rana, którą widzisz w moim boku – w mym Sercu – jest drzwiami prowadzącymi do twego Domu we mnie oraz do naszego ślubnego łoża Miłości. Tak, jak zatrzęsła się ziemia w momencie mojej śmierci, gdy oddałem całe życie w ręce Ojca, tak samo zatrzęsie się „ziemia" mojego Serca, gdy ty w nim spoczniesz – będzie to jednak tylko uderzenie mojej Miłości... Tak, będzie to działanie mojej Miłości, która rozleje moje życie w tobie i dla ciebie. Dziecię moje, tak jak zasłona sanktuarium rozdarła się na dwoje, tak i ty zostaniesz obnażona i rozdarta w moim nagim Sercu, abyśmy mogli być tak blisko siebie i stanowić jedno. Tak, jak ciemno było na moim Krzyżu, tak też ciemna będzie komnata mego Serca. Jesteś bowiem ukryta tak głęboko w moim miłującym Sercu, że zjednoczenie ze mną oślepia niejako twoje zmysły. Nie chcę jednak, abyś odsuwała się ode mnie, gdy Ja przygarniam cię do siebie. Być może nie zawsze rozpoznasz moją obecność, gdy będę odsłaniał tobie moje ukrzyżowane Serce... Dlatego chcę, abyś żyła w wielkiej uległości i ufności w to, że nie pozwolę ci się potknąć ani pogubić. O ludzka duszo, przyjmij wszystko jako mój dar Miłości i ufaj, że Ja cię prowadzę i niosę nieustannie. Kiedy pojawiają się trudne sytuacje i ludzie cię atakują, oskarżają lub mylnie rozumieją, wpatruj się z głęboką miłością w moje Serce, przytul się do mojego zranionego Ciała i wypijaj do dna ten dar zranionej Miłości mego Serca. Pokój znajdziesz we Krwi mojej. Nie lękaj się niczego ani nie szukaj obrony poza mną. Cała twoja uwaga powinna być skupiona na Miłości, a ty odpoczywaj we mnie i przyjmuj moje zranione Serce w Miłości. Tu będzie twój pokój. Błogosławię cię dziś wieczorem, w tej jednej z ostatnich (ale nie mniej ważnych) lekcji mojego Krzyża. Każda z tych lekcji niesie w sobie głębokie i istotne znaczenie dla twojego życia. A kiedy już skończysz pisać/czytać te słowa, wtedy Ja (w nadchodzących tygodniach) będę otwierał w twoim sercu te tajemnice – jedna za drugą – jeszcze głębiej. To jest czas twojego przygotowania. A teraz przyjmij mnie całego w wielkiej miłości oraz wypowiadaj „fiat" wraz ze mną – w nadziei na moją głęboką obecność, zjednoczenie i Miłość w nocy Krzyża. Amen. Alleluja!"

21. Jezus zdjęty z Krzyża i złożony do grobu

„Pod wieczór przyszedł zamożny człowiek z Arymatei, imieniem Józef, który też był uczniem Jezusa. On udał się do Piłata i poprosił o ciało Jezusa. Wówczas Piłat kazał je wydać. Józef zabrał ciało, <u>owinął je w czyste płótno i złożył w swoim nowym grobie</u>, który kazał wykuć w skale. Przed wejściem do grobu zatoczył duży kamień i odszedł. Lecz Maria Magdalena i druga Maria pozostały tam, siedząc naprzeciw grobu."
(Mt 27, 57-61)

„Nazajutrz, to znaczy po dniu Przygotowania, zebrali się arcykapłani i faryzeusze u Piłata i oznajmili: «Panie, przypomnieliśmy sobie, że ów oszust powiedział jeszcze za życia: „Po trzech dniach powstanę". Każ więc zabezpieczyć grób aż do trzeciego dnia, żeby przypadkiem nie przyszli jego uczniowie, nie wykradli Go i nie powiedzieli ludowi: „Powstał z martwych". I będzie ostatnie oszustwo gorsze niż pierwsze». Rzekł im Piłat: «Macie straż: idźcie, zabezpieczcie grób, jak umiecie». Oni poszli i <u>zabezpieczyli grób opieczętowując kamień i stawiając straż</u>."

Męka, Krzyż i Śmierć Pana Jezusa

(Mt 27, 62-66)

„Pod wieczór już, ponieważ było Przygotowanie, czyli dzień przed szabatem, przyszedł Józef z Arymatei, poważny członek Rady, który również wyczekiwał królestwa Bożego. <u>Śmiało udał się do Piłata i poprosił o ciało Jezusa</u>. Piłat zdziwił się, że już skonał. Kazał przywołać setnika i pytał go, czy już dawno umarł. Upewniony przez setnika, podarował ciało Józefowi. <u>Ten kupił płótno, zdjął Jezusa [z krzyża], owinął w płótno i złożył w grobie, który wykuty był w skale</u>. Przed wejście do grobu zatoczył kamień. A Maria Magdalena i Maria, matka Józefa, przyglądały się, gdzie Go złożono."
(Mk 15, 42-47)

„Był tam człowiek dobry i sprawiedliwy, imieniem Józef, członek Wysokiej Rady. Nie przystał on na ich uchwałę i postępowanie. Był z miasta żydowskiego Arymatei, i oczekiwał królestwa Bożego. On to udał się do Piłata i poprosił o ciało Jezusa. Zdjął je z krzyża, owinął w płótno i złożył w grobie, wykutym w skale, w którym nikt jeszcze nie był pochowany. Był to dzień Przygotowania i szabat się rozjaśniał. Były przy tym niewiasty, które z Nim przyszły z Galilei. <u>Obejrzały grób i w jaki sposób zostało złożone ciało Jezusa. Po powrocie</u>

<u>przygotowały wonności i olejki</u>; lecz zgodnie z przykazaniem zachowały spoczynek szabatu."
(Łk 23, 50-56)

„Potem Józef z Arymatei, który był uczniem Jezusa, lecz ukrytym z obawy przed Żydami, poprosił Piłata, aby mógł zabrać ciało Jezusa. A Piłat zezwolił. Poszedł więc i zabrał Jego ciało. Przybył również i Nikodem, ten, który po raz pierwszy przyszedł do Jezusa w nocy, i przyniósł około stu funtów mieszaniny mirry i aloesu. Zabrali więc ciało Jezusa i obwiązali je w płótna razem z wonnościami, stosownie do żydowskiego sposobu grzebania. A na miejscu, gdzie Go ukrzyżowano, był ogród, w ogrodzie zaś nowy grób, w którym jeszcze nie złożono nikogo. Tam to więc, ze względu na żydowski dzień Przygotowania, złożono Jezusa, bo grób znajdował się w pobliżu."
(J 19, 38-42)

Jezus: „**Moja malutka, droga dziecino, chcę ukazać ci potrójne piękno w tajemnicy pogrzebu mojego ciała. Jak mówi Ewangelia, w miejscu, w którym zostałem ukrzyżowany, był ogród – to symbol pięknego życia pośród tak okropnych tortur, bólu i śmierci. Ten ogród był znakiem mojej Miłości, która była prawdziwym pięknem ukrytym w nocy Krzyża i bólu. Ty też zawsze** szukaj – pośród Krzyża – mojego ogrodu piękna i życia, pełnego mej owocującej Miłości. Tam znajdziesz nadzieję.

W cytatach Pisma Świętego, mówiących o moim pogrzebie, są trzy małe, piękne klejnoty. Pierwszy z nich odsłania się w relacji świętego Mateusza, który pisał o reakcji Żydów. Otóż bali się oni, że mogłem mieć rację – obawiali się mojego Zmartwychwstania i zwycięskiej śmierci mojej Miłości. Z tego powodu zażądali, aby grób był strzeżony: jest zapisane, że na skale grobu została położona pieczęć, a przy nim postawiono straż. To na razie nie wydaje się piękne. Nie jest bowiem czymś dobrym fakt, iż moje Ciało zostało tak szczelnie zapieczętowane i ukryte przed ludźmi, nawet po śmierci. A jednak mój Ojciec wykorzystał to wszystko dla większego dobra – dla okazania swej mocy i chwały. Byłem już bezwładny w swym Ciele, szczelnie ukrytym w podziemnej grocie, zamkniętej z obawy przed działaniem Boga. Gdy jednak On wzbudził mojego Ducha z martwych (tego Ducha, którego oddałem Mu na Krzyżu), ochronna pieczęć i straż tym głośniej zaświadczyły o moim Zmartwychwstałym Życiu. To jest głęboka lekcja dla ciebie, drogie dziecię. Kiedy w twoim życiu ludzie próbują cię gdzieś zamknąć, szczelnie ukryć, a nawet stoją na straży, aby obserwować każdy twój ruch – ty nie bój się i nie czuj się uwięziona, gdyż zawsze jesteś wolna w mojej Miłości. A z powodu tych prześladowań ten Boży akt obrony ciebie, dokonany przez mego Ojca, przyniesie Mu tym więcej chwały. On cię uratuje, wyprowadzi z ciemności i pokona śmierć – w

Miłości - tak, jak uczynił to dla mnie w trzy dni po śmierci. Niech cię nawet zwiążą i zapieczętują, pilnują i osądzają, oczekując twojej reakcji! Ty tylko patrz na mojego Ojca w duchu wolności, pokoju i dziecięcej radości, a On sam cię wyzwoli - w Miłości. Zawsze. Trwasz bowiem w Miłości i jesteś blisko mojego Ciała (nadal prześladowanego po śmierci) oraz mojego Zmartwychwstałego Życia.

Drugi ukryty klejnot w ewangelicznych opisach mego pochówku dotyczy Józefa z Arymatei - „tajnego ucznia z obawy przed Żydami" oraz Nikodema, który po raz pierwszy przyszedł do mnie w nocy. Obaj mężczyźni spotkali się ze mną w tajemnicy, ukrywając się w ciemnościach ze strachu. Spójrz jednak, co uczyniła moja Miłość, aby przemienić ich serca podczas nocy Miłości na Krzyżu. Po raz drugi przyszli oni do mnie już nie z lękiem, jak za pierwszym razem, ale w odważnej Miłości i z wielkim szacunkiem, choć była to wciąż noc - noc mojego Krzyża. Nie bali się, że ich obecność zostanie zauważona przy Skazańcu, nie obawiali się też otwarcie świadczyć o swojej i mojej Miłości. Nie lękali się nawet tego, że zostaną oskarżeni o naruszenie Prawa, gdyż udali się po moje Ciało wtedy, gdy zbliżał się wieczór szabatu. Dali mi wszystko, co mieli; dali to, co mieli najlepszego. Ułożyli mnie na nowych, białych płótnach i w nowym grobie. Ich miłość była większa od Prawa (choć starali się je też respektować). O, jakże raduje się moje Serce, gdy myślę o ogniu Miłości w duszach tych dwóch mężczyzn, którzy zatroszczyli się o mnie po śmierci...

To prowadzi nas do trzeciego klejnotu ukrytego w misterium mojego pogrzebu. Każda z Ewangelii podaje inne szczegóły – jedna przekazuje, że Józef kupił nowe płótno i złożył mnie w swoim grobie; inna zaś, że Nikodem nabył sto funtów olejków i mirry, po czym przyniósł je, aby z Józefem namaścić moje Ciało. Trzecia relacja podaje, że kobiety, pragnąc odpowiedzieć na potrzebę godnego pochówku, poszły do miasta i zgromadziły wonności na pogrzeb swego Pana. Wszystkie powyższe fakty są prawdziwe i razem stanowią piękną całość. Osoby, o których wspominają Ewangelie, dokonały dzieła mojego pochówku razem, jako rodzina. Ale było to coś więcej niż tylko pogrzeb – była to pierwsza adoracja mojego Ciała. Kiedyś pasterze i mędrcy przyszli adorować mnie w grocie betlejemskiej, ale była to adoracja całej Osoby – ciała, krwi, duszy, boskości – zamkniętej w Dzieciątku. To było piękne i dobre. Już wtedy ich dary mirry i kadzidła zapowiadały moją śmierć, ale zostały ofiarowane raczej jako dar dla mnie – nie były użyte do adoracji mojego Ciała. Były też inne momenty w Ewangelii, kiedy ludzie czynili wobec mnie gesty adoracji: Maria, płacząca u moich stóp, obmyła je swoimi łzami, osuszyła włosami i okryła pocałunkami; moje stopy i głowa były też namaszczane wonnym olejkiem. Ale i te gesty nie były wyrazem bezpośredniej adoracji mojego Ciała jako świętego, lecz były kierowane do mnie jako Osoby. Natomiast po mojej śmierci bezwładne cielesne członki były już bez życia, krew wypłynęła, a Duch został oddany

Ojcu. Mimo to, moje Ciało wywołało wielkie uwielbienie, adorację i modlitewną Miłość z serc tych ludzi. Każdy z nich przyniósł mi dary wedle swojej pobożnej Miłości, a zostały one ofiarowane w tej ostatniej posłudze, gdy te drogie mi osoby myły, ubierały i namaszczały Ciało swego ukrzyżowanego Zbawiciela. Każdy dar był inny: jedni przynieśli płótno, inni podarowali wonności, aloes, olejki, mirrę, a jeszcze inni – sam grób... Każdy z tych podarków był pięknym wyrazem adoracyjnej miłości wobec Ciała ich Bosko-ludzkiego Zbawiciela. Moje Ciało samo w sobie było wystarczająco święte, aby zostać w ten sposób uhonorowane.

Nie jest rzeczą łatwą zdjąć człowieka z krzyża. Józef wycierpiał to z wielką miłością. Moje Ciało było całkowicie zbrukane brudem, potem i krwią; było pokryte wieloma otwartymi ranami; pachniało śmiercią... A jednak Józef objął me Ciało z czułą miłością. Najpierw sięgnął ku górze, usuwając dwa pierwsze gwoździe. Podczas gdy me stopy były uwalniane od dolnego gwoździa, on przytrzymywał me Ciało w czułym objęciu, aby nie zsunęło się na ziemię. Potem położyli je na ziemi i obmyli: nie obficie, bieżącą wodą, ale tak jak mogli – czerpiąc wodę z kilku dzbanów, które przynieśli ze sobą. Potem owinęli mnie w nowe, białe, lniane płótno – podobnie jak podczas Eucharystii, gdy moje otwarte i zranione miłością Ciało jest zawijane w białe tkaniny ołtarzowe. Namaszczono mnie aloesem, wonnymi olejkami i mirrą – tak, jak często czyni się za pomocą kadzidła podczas adoracji mojego Ciała

Eucharystycznego. A potem złożono mnie do grobu i była to moja pierwsza noc w tabernakulum Miłości, zamkniętym przez kamień.

Jakże wielką czystością przeszyłem serca żegnających mnie osób, które znalazły się wtedy bliżej mojego nagiego ciała niż kiedykolwiek wcześniej. Ci, którzy przygotowywali mnie do pogrzebu, otrzymali wielkie łaski Miłości w zamian za swoją życzliwą, wielkoduszną pracę wykonaną prosto z serca. O, jak wielkie miłosierdzie okazali swemu miłosiernemu Zbawicielowi! Jakże głęboką miłość dowiedli (którą Ja sam wywołałem z ich serc), gdy dotykali mego Ciała, opatrując swego zranionego Uzdrowiciela. Tak, Miłość mojego Ojca wylała wiele łask w podzięce za trud tych moich uczniów. Pozostali na miejscu jeszcze dłuższą chwilę; stojąc lub siedząc, rozmyślali w pełnej zachwytu i trwogi zadumie nad tym wszystkim, co się wydarzyło i co sami uczynili; potem niektórzy poszli do domu, a inni czekali (nie wiedząc, czego się spodziewać..) – wszyscy zaś byli prawdziwie, aż do głębi serca przeniknięci Miłością. Ta tajemnicza Miłość, którą dzieliłem z wiernymi mi duszami po mojej śmierci, ma być dla ciebie lekcją szczerej, łagodnej pokory. Tamto misterium ukazało moc czystej Miłości.

To jest moja lekcja dla ciebie – droga mała duszo – na dzisiejszy wieczór. Błogosławię cię przez moje Rany, które moi przyjaciele adorowali, całowali i umiłowali, obmywając je swymi łzami i namaszczając wonnymi olejkami, jakie popłynęły z ich serc tej Paschalnej Nocy.

Proszę, pozwól mi, abym rozpalił Miłością i twoje serce, abyś już nigdy nie bała się śmierci, ale była pewna – w swej otwartej, nagiej, czystej miłości – że Ja sam zatroszczę się o twoje ciało, opatrzę jego rany i złożę cię do grobu mego Serca, gdzie zmartwychwstaniesz ze mną w Miłości. Kocham cię. Przyjmij teraz mój pocałunek do swego serca i odpocznij we mnie. Amen."

XI

Zmartwychwstanie Pana Jezusa

22. Pusty grób. Pan Jezus ukazuje się Marii Magdalenie

„Po upływie szabatu, o świcie pierwszego dnia tygodnia przyszła Maria Magdalena i druga Maria obejrzeć grób. A oto powstało wielkie trzęsienie ziemi. Albowiem anioł Pański zstąpił z nieba, podszedł, odsunął kamień i usiadł na nim. Postać jego jaśniała jak błyskawica, a szaty jego były białe jak śnieg. Ze strachu przed nim zadrżeli strażnicy i stali się jakby umarli. Anioł zaś przemówił do niewiast: «Wy się nie bójcie! Gdyż wiem, że szukacie Jezusa Ukrzyżowanego. Nie ma Go tu, bo zmartwychwstał, jak powiedział. Chodźcie, zobaczcie miejsce, gdzie leżał. A idźcie szybko i powiedzcie Jego uczniom: Powstał z martwych i oto udaje się przed wami do Galilei. Tam Go ujrzycie. Oto, co wam powiedziałem». Pośpiesznie więc oddaliły się od grobu, z

bojaźnią i wielką radością, i biegły oznajmić to Jego uczniom. A oto Jezus stanął przed nimi i rzekł: «Witajcie!» One podeszły do Niego, objęły Go za nogi i oddały Mu pokłon. A Jezus rzekł do nich: «Nie bójcie się! Idźcie i oznajmijcie moim braciom: niech idą do Galilei, tam Mnie zobaczą»."
(Mt 28, 1-10)

„Po upływie szabatu Maria Magdalena, Maria, matka Jakuba, i Salome nakupiły wonności, żeby pójść namaścić Jezusa. Wczesnym rankiem w pierwszy dzień tygodnia przyszły do grobu, gdy słońce wzeszło. A mówiły między sobą: «Kto nam odsunie kamień od wejścia do grobu?» Gdy jednak spojrzały, zauważyły, że kamień był już odsunięty, a był bardzo duży. Weszły więc do grobu i ujrzały młodzieńca siedzącego po prawej stronie, ubranego w białą szatę; i bardzo się przestraszyły. Lecz on rzekł do nich: «Nie bójcie się! Szukacie Jezusa z Nazaretu, ukrzyżowanego; powstał, nie ma Go tu. Oto miejsce, gdzie Go złożyli. Lecz idźcie, powiedzcie Jego uczniom i Piotrowi: Idzie przed wami do Galilei, tam Go ujrzycie, jak wam powiedział». One wyszły i uciekły od grobu; ogarnęło je bowiem zdumienie i przestrach. Nikomu też nic nie oznajmiły, bo się bały."
(Mk 16, 1-8)

Zmartwychwstanie Pana Jezusa

„Po swym zmartwychwstaniu, wczesnym rankiem w pierwszy dzień tygodnia, Jezus ukazał się najpierw Marii Magdalenie, z której wyrzucił siedem złych duchów. Ona poszła i oznajmiła to tym, którzy byli z Nim, pogrążonym w smutku i płaczącym. Ci jednak słysząc, że żyje i że ona Go widziała, nie chcieli wierzyć."
(Mk 16, 9-11)

„Gdy wobec tego były bezradne, nagle stanęło przed nimi dwóch mężczyzn w lśniących szatach. Przestraszone, pochyliły twarze ku ziemi, lecz tamci rzekli do nich: «Dlaczego szukacie żyjącego wśród umarłych? Nie ma Go tutaj; zmartwychwstał. Przypomnijcie sobie, jak wam mówił, będąc jeszcze w Galilei: „Syn Człowieczy musi być wydany w ręce grzeszników i ukrzyżowany, lecz trzeciego dnia zmartwychwstanie"». Wtedy przypomniały sobie Jego słowa i wróciły od grobu, oznajmiły to wszystko Jedenastu i wszystkim pozostałym. (…) Lecz słowa te wydały im się czczą gadaniną i nie dali im wiary. Jednakże Piotr wybrał się i pobiegł do grobu; schyliwszy się, ujrzał same tylko płótna. I wrócił do siebie, dziwiąc się temu, co się stało."
(Łk 24, 4-9.11-12)

Z ciemności…

„A pierwszego dnia po szabacie, wczesnym rankiem, gdy jeszcze było ciemno, Maria Magdalena udała się do grobu i zobaczyła kamień odsunięty od grobu. Pobiegła więc i przybyła do Szymona Piotra i do drugiego ucznia, którego Jezus kochał, i rzekła do nich: «Zabrano Pana z grobu i nie wiemy, gdzie Go położono». Wyszedł więc Piotr i ów drugi uczeń i szli do grobu. Biegli oni obydwaj razem, lecz ów drugi uczeń wyprzedził Piotra i przybył pierwszy do grobu. A kiedy się nachylił, zobaczył leżące płótna, jednakże nie wszedł do środka. Nadszedł potem także Szymon Piotr, idący za nim. Wszedł on do wnętrza grobu i ujrzał leżące płótna oraz chustę, która była na Jego głowie, leżącą nie razem z płótnami, ale oddzielnie zwiniętą na jednym miejscu. Wtedy wszedł do wnętrza także i ów drugi uczeń, który przybył pierwszy do grobu. Ujrzał i uwierzył. Dotąd bowiem nie rozumieli jeszcze Pisma, [które mówi], że On ma powstać z martwych. Uczniowie zatem powrócili znowu do siebie." (J 20, 1-10)

„Maria Magdalena natomiast stała przed grobem płacząc. A kiedy [tak] płakała, nachyliła się do grobu i ujrzała dwóch aniołów w bieli, siedzących tam, gdzie leżało ciało Jezusa – jednego w miejscu głowy, drugiego w miejscu nóg. I rzekli do niej:

Zmartwychwstanie Pana Jezusa

«Niewiasto, czemu płaczesz?» Odpowiedziała im: «Zabrano Pana mego i nie wiem, gdzie Go położono». Gdy to powiedziała, odwróciła się i ujrzała stojącego Jezusa, ale nie wiedziała, że to Jezus. Rzekł do niej Jezus: «Niewiasto, czemu płaczesz? Kogo szukasz?» Ona zaś sądząc, że to jest ogrodnik, powiedziała do Niego: «Panie, jeśli ty Go przeniosłeś, powiedz mi, gdzie Go położyłeś, a ja Go wezmę». Jezus rzekł do niej: «Mario!» A ona obróciwszy się powiedziała do Niego po hebrajsku: «Rabbuni», to znaczy: Nauczycielu! Rzekł do niej Jezus: «Nie zatrzymuj Mnie, jeszcze bowiem nie wstąpiłem do Ojca. Natomiast udaj się do moich braci i powiedz im: „Wstępuję do Ojca mego i Ojca waszego oraz do Boga mego i Boga waszego"». Poszła Maria Magdalena oznajmiając uczniom: «Widziałam Pana i to mi powiedział»."
(J 20, 11-18)

Jezus: „**Powstałem z martwych pierwszego dnia tygodnia;** nie drugiego czy trzeciego dnia, nie o późniejszej porze, lecz właśnie pierwszego dnia tygodnia, bardzo wczesnym rankiem. Gdy tylko mój lud został całkowicie uwolniony i oczyszczony po mojej śmierci, Ja przyszedłem, by obdarzyć go moim obfitym życiem. Przyszedłem, aby go na nowo napełnić. Droga duszo, chcę, abyś z tych ewangelicznych relacji o Zmartwychwstaniu wyciągnęła wielką naukę o mojej Miłości, która – napełniając człowieka – opróżnia go też i oczyszcza. Moja śmierć nie była bowiem radosnym doświadczeniem dla nikogo, wręcz przeciwnie – przyniosła ogromną boleść wielu sercom, które kochałem. Jednak ten ból i cierpienie, które musieli znieść, były ważnym przygotowaniem ich dusz. Nie przyszedłem, aby zabrać od ludzi ból i cierpienie; byłoby to niemożliwe w świecie, który został obdarowany wolną wolą (by odpowiadać na Miłość lub ją odrzucić). Przyszedłem do ludzi po to, aby być razem z nimi w ich ciemnościach oraz by je przemieniać. Przyszedłem, aby wypełnić mroki ich nocy nowym sensem mojej „nocnej" Miłości. Musiałem uczynić moich uczniów wolnymi od świata i od ich własnych egoistycznych pragnień, zanim mogłem umieścić w nich moją Miłość – aby mogli żyć. Dlatego w dniu mego Zmartwychwstania doprowadziłem ich do mego pustego grobu. Jest on symbolem także twojego serca, dziecię moje, bo masz do przejścia drogę od oczyszczenia do zjednoczenia ze mną w Miłości Ukrzyżowanej. Dlatego także twoje serce będzie puste. Podobnie jak moje płótna pogrzebowe były znakiem, że kiedyś tam leżałem, tak również twoje serce ma w sobie pozostałości mojej obecności – obecności, która weszła do twojego serca, aby je opróżnić.

Było jeszcze ciemno, kiedy Maria z pozostałymi kobietami przyszły, aby namaścić moje Ciało. W twoim życiu też jest ciemno, bo opróżniłem „ciebie z ciebie", aby cię namaścić moją Miłością. Kiedy kobiety szukały mnie tam, gdzie wcześniej leżałem – pod skałą przy wejściu – mnie już tam nie było. Nie opuściłem jednak grobu po to, by napełnić go swoją zmartwychwstałą obecnością. Opuściłem grób – miejsce umarłych – aby moje życie mogło rozpocząć nowe dzieło Miłości poza nim. Zostawiłem grób pusty, aby kobiety i moi uczniowie rozpoczęli poszukiwania. Chciałem, by opuścili to miejsce pochówku (przekonawszy się na własne oczy, że nie było tam ani mnie, ani mojej Miłości) i poszli za moim pouczeniem i za pragnieniem swego serca, żeby spotkać się ze mną tam, gdzie chciałem dać im nowe życie – moje zmartwychwstałe życie.

Może to wszystko wydaje ci się bardzo skomplikowane, ale tak naprawdę chodzi o coś bardzo prostego w twoim życiu. Teraz opróżniłem twoje serce, bo to jest czas, który spędziłaś ze mną tutaj na pustyni, opisując i ofiarowując mi swoją przeszłość. Opróżniłem twe serce z przejawów twojego własnego życia, śmierci i cierpień, a pozostawiam je puste, abyś rozpoczęła poszukiwania. Moja zmartwychwstała Miłość chce być nową, ukrzyżowaną Miłością w twoim życiu. Moje zjednoczenie z tobą chce przybrać nową formę. Zostawiam twoje serce jakby opuszczone – wolne i ogołocone ze świata i z ciebie, a teraz także i z mojej Miłości – aby poprowadzić cię do mojego Serca, które ma być miejscem naszego spotkania w nowym życiu. Droga dziecino, pozwoliłem ci cierpieć beze mnie, abyś była oczyszczona i gotowa do cierpienia razem ze mną.

Z ciemności…

Wszystko się zmieniło tego ciemnego, wczesnego poranka pozornie pustej Miłości, gdy moje życie tworzy nowe miejsca w moim Sercu, aby spotkać się z tobą w tobie. Po mojej śmierci wielu ludzi nie uwierzyło i nie zrozumiało mojego Zmartwychwstania; tak samo i ty będziesz kuszona do zwątpienia, smutku i zamętu, gdy zaczniesz stawiać pierwsze kroki w naszej nowej Miłości. Będzie ci się wydawało, że odszedłem, choć tak naprawdę Ja dopiero zacząłem się z tobą jednoczyć. Będzie ci się zdawało, że panują ciemności, ale dzieje się tak tylko dlatego, że to Ja umieszczam w tobie moje oślepiające światło. I ty, jak Maria, będziesz płakać – nie tyle ze smutku, co ze zdezorientowanej miłości… Jednak i tobie powiem to, co Marii: nie trzymaj się mnie według tego, co wiedziałaś o mnie kiedyś. Nie próbuj też powstrzymywać mnie od ofiarowania ci pełni mej Miłości. To nie jest koniec, gdyż nasze szczęśliwe spotkanie dopiero teraz się zaczyna – tu, w ogrodzie, gdzie zostałem ukrzyżowany. Muszę cię jeszcze zabrać ze sobą do mojego Ojca. Pozwól mi poprowadzić cię dalej i głębiej. Nie płacz nad małymi stratami w twoim przeszłym życiu. Płacz raczej z radości, gdyż ja zabieram cię ze sobą ku mojej wielkiej cierpiącej Miłości i śmierci na Krzyżu – do miejsca, gdzie śmierć nie zapanuje już nigdy, bo zwyciężyłem ją całkowicie poprzez swoją posłuszną Miłość. Nie stój w zdumieniu, ale raczej biegnij w posłuszeństwie – idąc tam, gdzie cię poślę. Tak samo nakazałem moim Apostołom, aby udali się do Galilei na spotkanie ze mną. Stoję przed tobą, moja mała dziecino, i żyję w tobie, chociaż nie zawsze możesz mnie zobaczyć. Nie wchodzę jednak do twojego starego, pustego serca, więc nie szukaj mnie tam. Proszę, słuchaj moich słów i bądź posłuszna w wiernej ufności. Idź przed siebie do Galilei, idź przed siebie aż do komnat mego Serca, które przygotowałem jako miejsce spotkania z tobą. To tam po raz pierwszy okazałem ci swoją Miłość i tam też zacznę prowadzić cię do Domu, abyś w Wieczności była zjednoczona z moją Miłością. Stoję przed tobą, droga dziecino, trzymając cię. Słuchaj, jak wołam twoje imię i idź za tym głosem – moim głosem, który tak dobrze znasz i kochasz. Dzięki temu twoja splątana miłość zostanie uwolniona, by być bliżej i głębiej w jedności ze mną – w naszym zjednoczeniu Miłości, które ma miejsce teraz. Odpocznij chwilę w tych słowach, zanim przejdziesz do mojej następnej lekcji. Pozwól mi otworzyć znaczenie tych słów przed tobą, abym mógł żyć w tobie w całej pełni. Błogosławię cię moją nową Miłością, zawsze nową, bo wyprowadzającą cię od tego wszystkiego, co znasz, aby stworzyć w tobie nowe życie, nowe spotkanie, nowe serce – w Miłości mojego Serca. Idź w pokoju. Fiat. Amen."

23. Spotkanie Jezusa z Apostołami

„Po upływie szabatu, o świcie pierwszego dnia tygodnia przyszła Maria Magdalena i druga Maria obejrzeć grób. A oto powstało wielkie trzęsienie ziemi. Albowiem anioł Pański zstąpił z nieba,

Z ciemności…

podszedł, odsunął kamień i usiadł na nim. Postać jego jaśniała jak błyskawica, a szaty jego były białe jak śnieg. Ze strachu przed nim zadrżeli strażnicy i stali się jakby umarli. Anioł zaś przemówił do niewiast: «Wy się nie bójcie! Gdyż wiem, że szukacie Jezusa Ukrzyżowanego. Nie ma Go tu, bo zmartwychwstał, jak powiedział. Chodźcie, zobaczcie miejsce, gdzie leżał. A idźcie szybko i powiedzcie Jego uczniom: Powstał z martwych i oto udaje się przed wami do Galilei. Tam Go ujrzycie. Oto, co wam powiedziałem». Pośpiesznie więc oddaliły się od grobu, z bojaźnią i wielką radością, i biegły oznajmić to Jego uczniom. A oto Jezus stanął przed nimi i rzekł: «Witajcie!» One podeszły do Niego, objęły Go za nogi i oddały Mu pokłon. A Jezus rzekł do nich: «Nie bójcie się! Idźcie i oznajmijcie moim braciom: niech idą do Galilei, tam Mnie zobaczą». Gdy one były w drodze, niektórzy ze straży przyszli do miasta i powiadomili arcykapłanów o wszystkim, co zaszło. Ci zebrali się ze starszymi, a po naradzie dali żołnierzom sporo pieniędzy i rzekli: «Rozpowiadajcie tak: Jego uczniowie przyszli w nocy i wykradli Go, gdyśmy spali. A gdyby to doszło do uszu namiestnika, my z nim pomówimy i wybawimy was z kłopotu». Ci więc wzięli pieniądze i uczynili, jak ich pouczono. I tak rozniosła się ta pogłoska między Żydami i trwa aż do dnia dzisiejszego.

Zmartwychwstanie Pana Jezusa

Jedenastu zaś uczniów udało się do Galilei na górę, tam gdzie Jezus im polecił. A gdy Go ujrzeli, oddali Mu pokłon. Niektórzy jednak wątpili. **18** Wtedy Jezus podszedł do nich i przemówił tymi słowami: «Dana Mi jest wszelka władza w niebie i na ziemi. Idźcie więc i nauczajcie wszystkie narody, udzielając im chrztu w imię Ojca i Syna, i Ducha Świętego. Uczcie je zachowywać wszystko, co wam przykazałem. A oto Ja jestem z wami przez wszystkie dni, aż do skończenia świata»."
(Mt 28, 1-20)

„W końcu ukazał się samym Jedenastu, gdy siedzieli za stołem, i wyrzucał im brak wiary i upór, że nie wierzyli tym, którzy widzieli Go zmartwychwstałego. I rzekł do nich: «Idźcie na cały świat i głoście Ewangelię wszelkiemu stworzeniu! Kto uwierzy i przyjmie chrzest, będzie zbawiony; a kto nie uwierzy, będzie potępiony. Tym zaś, którzy uwierzą, te znaki towarzyszyć będą: w imię moje złe duchy będą wyrzucać, nowymi językami mówić będą; węże brać będą do rąk, i jeśliby co zatrutego wypili, nie będzie im szkodzić. Na chorych ręce kłaść będą, i ci odzyskają zdrowie»."
(Mk 16, 14-18)

"Chrystus umarł – zgodnie z Pismem – za nasze grzechy, że został pogrzebany, że zmartwychwstał trzeciego dnia, zgodnie z Pismem: i że ukazał się Kefasowi, a potem Dwunastu, później zjawił się więcej niż pięciuset braciom równocześnie; większość z nich żyje dotąd, niektórzy zaś pomarli. Potem ukazał się Jakubowi, później wszystkim apostołom. W końcu, już po wszystkich, ukazał się także i mnie jako poronionemu płodowi."
(1Kor 15, 3b-8)

"A gdy rozmawiali o tym, On sam stanął pośród nich i rzekł do nich: «Pokój wam!» Zatrwożonym i wylękłym zdawało się, że widzą ducha. Lecz On rzekł do nich: «Czemu jesteście zmieszani i dlaczego wątpliwości budzą się w waszych sercach? Popatrzcie na moje ręce i nogi: to Ja jestem. Dotknijcie się Mnie i przekonajcie: duch nie ma ciała ani kości, jak widzicie, że Ja mam». Przy tych słowach pokazał im swoje ręce i nogi. **41** Lecz gdy oni z radości jeszcze nie wierzyli i pełni byli zdumienia, rzekł do nich: «Macie tu coś do jedzenia?» Oni podali Mu kawałek pieczonej ryby. Wziął i jadł wobec nich. (…) Wtedy oświecił ich umysły, aby rozumieli Pisma."
(Łk 24, 36-43.45)

Zmartwychwstanie Pana Jezusa

"Wieczorem owego pierwszego dnia tygodnia, tam gdzie przebywali uczniowie, gdy drzwi były zamknięte z obawy przed Żydami, przyszedł Jezus, stanął pośrodku i rzekł do nich: «Pokój wam!» A to powiedziawszy, pokazał im ręce i bok. Uradowali się zatem uczniowie ujrzawszy Pana."
(J 20, 19-20)

"Ale Tomasz, jeden z Dwunastu, zwany Didymos, nie był razem z nimi, kiedy przyszedł Jezus. Inni więc uczniowie mówili do niego: «Widzieliśmy Pana!» Ale on rzekł do nich: «Jeżeli na rękach Jego nie zobaczę śladu gwoździ i nie włożę palca mego w miejsce gwoździ, i nie włożę ręki mojej do boku Jego, nie uwierzę». A po ośmiu dniach, kiedy uczniowie Jego byli znowu wewnątrz [domu] i Tomasz z nimi, Jezus przyszedł mimo drzwi zamkniętych, stanął pośrodku i rzekł: «Pokój wam!» Następnie rzekł do Tomasza: «Podnieś tutaj swój palec i zobacz moje ręce. Podnieś rękę i włóż [ją] do mego boku, i nie bądź niedowiarkiem, lecz wierzącym!» Tomasz Mu odpowiedział: «Pan mój i Bóg mój!» Powiedział mu Jezus: «Uwierzyłeś dlatego, ponieważ Mnie ujrzałeś? Błogosławieni, którzy nie widzieli, a uwierzyli»."
(J 20, 24-29)

Jezus: „Tak jak mówią relacje o mym Zmartwychwstaniu, spotkałem się potem z tymi uczniami, braćmi i przyjaciółmi, którzy towarzyszyli mi przez ostatnie trzy lata, kiedy to przygotowywałem ich do misji oraz do przeżycia mojej męki, śmierci i zmartwychwstania. Oni jednak nie rozumieli i nie wierzyli w to wszystko, co zobaczyli po Zmartwychwstaniu, mimo iż moje słowa wypełniły się na ich oczach. Oczy to niepewna rzecz, bo czasem nas zwodzą, a innym razem – budują naszą wiarę. Jeśli jednak wierzymy przez to, co widzimy – płótna pogrzebowe, pusty grób, moje rany – to gdzie jest nasza wiara?... Czasami oczy mogą powstrzymać człowieka od wzrastania w wierze i tak właśnie było z moimi uczniami. Ja jednak, jak zawsze, byłem bardzo cierpliwy wobec ich słabości.

A gdzie przebywała moja Matka przez cały ten czas? Czyż nie chciała zobaczyć mojego poranionego ciała, płótna pogrzebowego czy kamienia odsuniętego od grobu, jako dowodu wzmacniającego Jej wiarę? Nie, jej wiara była tak silna, że zawsze wierzyła w moje Zmartwychwstanie – tylko dlatego, że Ja tak Jej powiedziałem (podobnie jak moim uczniom). Moje Zmartwychwstanie było dla Niej faktem – zanim jeszcze zobaczyła jego oznaki. Wczesnym rankiem, jeszcze przed przyjściem Marii Magdaleny z nowiną, że grób jest pusty, moja Matka już radowała się w oczekiwaniu na moje pojawienie się po śmierci. Uwierzyła moim słowom i z radością czekała na ich spełnienie. Jej miłość do mnie usunęła wszelkie wątpliwości.

Duszo ludzka, pragnę, abyś uwierzyła (tak jak zawsze wierzyła moja Matka) we wszystkie moje obietnice – w to, że naprawdę mogę przyjść do ciebie w głębokim zjednoczeniu Miłości. Zanim zobaczysz jakikolwiek dowód mojej obecności, raduj się z Maryją, bo prawda o mojej zmartwychwstałej Miłości oraz o moim zjednoczeniu z tobą w Miłości ukrzyżowanej już zaczęła się wypełniać.

Pragnę również pouczyć cię o mocy moich Ran. Gdy Piotr i Jan zobaczyli lniane płótno, poplamione od Krwi – uwierzyli w Zmartwychwstanie. To moc mojej Krwi i Ran dała im taką wiarę. Kiedy ukazałem się uczniom i pokazałem im moje Rany, pozwalając im, aby ich dotknęli i włożyli w nie swoje ręce, całkowicie przemieniłem ich niewierzące serca. Moi Apostołowie stali się innymi ludźmi po doświadczeniu zmartwychwstałej Miłości – właśnie poprzez moje Rany. One zrodziły ich wiarę. Dlatego ilekroć ty, moja dziecino, zostajesz zraniona, pragnę, aby twoje rany stawały się źródłem wielkiej wiary dla świata. Nie ukrywaj ich przed innymi ludźmi – niech ci, którzy mają zranioną wiarę, dotkną i otworzą je, a nawet włożą w nie swoje dłonie i przytulą się do nich swoimi zranionymi duszami. Albowiem rany Miłości w twoim życiu nie są twoimi, lecz moimi Ranami. Twoje ciało, serce, dusza, całe życie jest moje. To Ja umieściłem w tobie moje Rany i będę je jeszcze pogłębiać, abyś i ty mogła głębiej zjednoczyć się ze mną w mojej Miłości, a także byś doprowadzała innych ludzi do jedności ze mną.

Droga duszo, jesteś jak tabernakulum lub monstrancja, która ma po prostu przechować, przeżywać i ukazywać światu moje żywe Serce i zranioną Miłość. Niech one rodzą nowe życie w tobie, a przez ciebie – także w drugim człowieku.

Dlaczego na moim zmartwychwstałym ciele pozostały jeszcze te drogocenne Rany po gwoździach oraz Rana w boku zadana przez włócznię żołnierza? Stało się tak z tego powodu, że moje Rany to wielcy świadkowie Miłości. Dzięki temu grzesznicy mogą przychodzić, aby przez te otwory w moim Ciele pić moją zmartwychwstałą Miłość. To są Rany zadane w miłosnej bitwie, świadczące o głębi Miłości mojej i mojego Ojca do siebie nawzajem i wobec ludzkości. Kochający człowiek nigdy nie zamyka się, by ukryć się przed ukochaną, lecz pozostaje otwarty w oczekiwaniu na jej zaproszenie, aby dać dar z samego siebie. Niech więc i twoje rany, które Ja otwieram w tobie, będą zawsze otwarte dla mnie, czekając na moją Miłość. Pozwól, abym uzdrowił cię z twoich ran, ofiarowując ci moje własne. O duszo, pozwól mi dotykać i głaskać twoje ręce, włosy i twarz w mojej Miłości, która wylewa się z mych otwartych Ran. Dam ci całego siebie, aby żyć w tobie. A kiedy przyjmiesz mnie głęboko do siebie w swojej odpowiedzi i darze Miłości, Ja – poprzez ciebie – ukażę się i ofiaruję światu. Drogie dziecię, ukryj się teraz w moich Ranach – zawsze otwartych w nagiej, bezbronnej Miłości, czekających na ciebie, abyś pozwoliła mi na powierzenie ich tobie. Albowiem posiądziesz me Rany oraz całego mnie – poprzez swoją głęboką miłość. Wtedy będziemy jedno. Nigdy nie męcz się rozmyślaniem nad moimi Ranami i czerpaniem z nich, bo są one twoim źródłem życia. Dlatego właśnie umarłem za ciebie, o ludzka duszo, aby dać ci swobodę korzystania z całej mej Miłości i ze mnie całego. Zanurzaj się i żyj w pełni – w mojej zranionej i otwartej Miłości. Błogosławię cię moimi Ranami oraz moją mocną wiarą zmartwychwstałej Miłości. Fiat, zawsze. Amen."

24. Jezus ukazuje się dwóm uczniom na drodze do Emmaus

„Potem ukazał się w innej postaci dwom z nich na drodze, gdy szli do wsi. Oni powrócili i oznajmili pozostałym. Lecz im też nie uwierzyli."
(Mk 16, 12-13)

„Tego samego dnia dwaj z nich byli w drodze do wsi, zwanej Emaus, oddalonej sześćdziesiąt stadiów od Jerozolimy. (…) Gdy tak rozmawiali i rozprawiali z sobą, <u>sam Jezus przybliżył się i szedł z nimi. Lecz oczy ich były niejako na uwięzi, tak że Go nie poznali</u>. On zaś ich zapytał: «Cóż to za rozmowy prowadzicie z sobą w drodze?» Zatrzymali się smutni. A jeden z nich, imieniem Kleofas, odpowiedział Mu: «Ty jesteś

Z ciemności…

chyba jedynym z przebywających w Jerozolimie, który nie wie, co się tam w tych dniach stało». Zapytał ich: «Cóż takiego?» (…) Na to On rzekł do nich: «O nierozumni, jak nieskore są wasze serca do wierzenia we wszystko, co powiedzieli prorocy! Czyż Mesjasz nie miał tego cierpieć, aby wejść do swej chwały?» I zaczynając od Mojżesza poprzez wszystkich proroków wykładał im, co we wszystkich Pismach odnosiło się do Niego. (…) Tak przybliżyli się do wsi, do której zdążali, a On okazywał, jakoby miał iść dalej. Lecz przymusili Go, mówiąc: «Zostań z nami, gdyż ma się ku wieczorowi i dzień się już nachylił». Wszedł więc, aby zostać z nimi. Gdy zajął z nimi miejsce u stołu, wziął chleb, odmówił błogosławieństwo, połamał go i dawał im. Wtedy oczy im się otworzyły i poznali Go, lecz On zniknął im z oczu. I mówili nawzajem do siebie:

«Czy serce nie pałało w nas, kiedy rozmawiał z nami w drodze i Pisma nam wyjaśniał?»"
(Łk 24, 13.15-19a.25-32)

Jezus: **"Otworzyłem się na Krzyżu, aby otworzyć zamknięte serca ludzkie. Ja otworzyłem swoje Rany przed uczniami w drodze do Emmaus, aby otworzyć ich serca ku wierze. W moim spotkaniu z nimi otworzyłem moje Eucharystyczne Serce, aby otworzyć ich zaślepione oczy na** moje Światło i Prawdę. Prawdziwie sprawowałem Eucharystię na tej drodze do Emmaus. Podszedłem do moich uczniów zmęczony, utrudzony i przygnębiony tym wszystkim, co musieli przeżyć w ciągu ostatnich kilku dni. Najpierw otworzyłem ich serca – nie tylko poprzez moją obecność, której nie rozpoznali, ale też przez zadanie istotnych pytań. Kiedy szedłem razem z nimi, pogłębiałem ich pragnienie znalezienia prawdy, miłości i mądrości. Słuchałem problemów ich serc w cierpliwej ufności, że Ojciec ześle mi swoje słowa w Duchu Świętym, abym nakarmił ich głodne dusze. Gdy już opowiedzieli mi wszystko, otworzyłem tajemnice Pisma Świętego przed ich spragnionymi sercami. Kiedy nakarmiłem obu uczniów moimi słowami, ich serca zapłonęły pragnieniem, aby wiedzieć więcej i aby zbliżyć się do Tego, który przyszedł dla ich zbawienia. Gdy kontynuowaliśmy naszą wędrówkę, ich serca płonęły ogniem mojej Miłości, a Miłość ta otwierała ich jeszcze bardziej na przyjęcie mnie samego jako daru. Kiedy więc potem połamałem chleb i podałem im go, Duch Miłości mojego Ojca zstąpił do ich serc, przypominając im o moim złamanym Sercu na Krzyżu. To wtedy mnie poznali. Dzięki temu moi uczniowie uwierzyli w wielki plan Miłości, który mój Ojciec zrealizował przeze mnie.

Moje dziecko, kiedy jesteś zmęczona i utrudzona na swojej drodze życia – przychodź do mojego zranionego Serca po siłę i światło. Będę cię prowadził z wnętrza moich Ran. Kiedy przyjdę do ciebie w „nowej postaci" (jak mówi

Ewangelia św. Marka), poznasz mnie po moim pękniętym Sercu – zranionym z Miłości do ciebie. Pozwól, aby prowadziła cię moja (zawsze nowa) Miłość. Musisz przytulić się tak głęboko do mej piersi i mego boku, spoczywając w jedności ze mną na Krzyżu, aby twój wzrok nie mógł cię już więcej zmylić ani zniechęcić – masz bowiem podążać i widzieć sercem, według mojego Serca i Miłości w tobie. Kiedy będziesz spotykać innych ludzi na swojej drodze – zmęczonych i utrudzonych wędrówką – bądź czuła na natchnienia mojego Ducha Miłości, który chce najpierw otworzyć ich serca poprzez twoje słowa, gesty i ciszę modlitwy, by potem uzdolnić cię do ofiarowania tym duszom daru mej Miłości. Ludzie muszą być najpierw spragnieni, aby otrzymać; powinni mieć w sobie pragnienie wypicia mojej Miłości do dna. Przede wszystkim jednak, gdy będziesz przemierzać tę drogę ciemnej Miłości Kalwarii razem ze mną i we mnie – wiedz, że sama będziesz odkryta, złamana, z otwartymi ranami (które się nie goją), w całym twym bólu i śmierci – aż do chwili mojego Zmartwychwstania. Otworzę siebie w tobie, aby przez ciebie otworzyć serca innych. Podobnie jak Ja pozostałem otwarty, nagi i bezbronny w moich Ranach na Krzyżu, aby zaspokoić pragnienie dusz potrzebujących mojego napoju, tak samo będziesz tam trwać i ty – w jedności ze mną.

 To właśnie chciałem ci przekazać, moja Miłości. Błogosławię tobie, gdy zapisujesz te słowa z miłości do mnie. Twoje posłuszeństwo jest piękne. Proszę, przyjmij moje błogosławieństwo do swego otwartego serca, aby otworzyło ciebie całą jeszcze bardziej. Amen, Alleluja!"

25. Jezus odnawia miłość Piotra

„Potem znowu ukazał się Jezus nad Morzem Tyberiadzkim. A ukazał się w ten sposób: Szymon Piotr powiedział do nich: «Idę łowić ryby». Odpowiedzieli mu: «Idziemy i my z tobą». Wyszli więc i wsiedli do łodzi, ale tej nocy nic nie złowili. A gdy ranek zaświtał, Jezus stanął na brzegu. Jednakże uczniowie nie wiedzieli, że to był Jezus. A Jezus rzekł do nich: «Dzieci, czy macie co na posiłek?» Odpowiedzieli Mu: «Nie». On rzekł do nich: «Zarzućcie sieć po prawej stronie łodzi, a znajdziecie». Zarzucili więc i z powodu mnóstwa ryb nie mogli jej wyciągnąć. Powiedział więc do Piotra ów uczeń, którego Jezus miłował: «To jest Pan!» Szymon Piotr usłyszawszy, że to jest Pan, przywdział na siebie wierzchnią szatę – był bowiem prawie nagi – i rzucił się w morze. Reszta uczniów dobiła łodzią, ciągnąc za sobą sieć z rybami. Od brzegu bowiem nie było daleko – tylko około dwustu łokci. A kiedy zeszli na ląd, ujrzeli żarzące się na ziemi węgle, a na nich ułożoną rybę oraz chleb. Rzekł do nich Jezus: «Przynieście jeszcze ryb, któreście teraz

ułowili». Poszedł Szymon Piotr i wyciągnął na brzeg sieć pełną wielkich ryb w liczbie stu pięćdziesięciu trzech. A pomimo tak wielkiej ilości, sieć się nie rozerwała. Rzekł do nich Jezus: «Chodźcie, posilcie się!» Żaden z uczniów nie odważył się zadać Mu pytania: «Kto Ty jesteś?» bo wiedzieli, że to jest Pan. A Jezus przyszedł, wziął chleb i podał im – podobnie i rybę. To już trzeci raz, jak Jezus ukazał się uczniom od chwili, gdy zmartwychwstał."
(J 21, 1.3-14)

„A gdy spożyli śniadanie, rzekł Jezus do Szymona Piotra: «Szymonie, synu Jana, czy miłujesz Mnie więcej aniżeli ci?» Odpowiedział Mu: «Tak, Panie, Ty wiesz, że Cię kocham». Rzekł do niego: «Paś baranki moje!» I znowu, po raz drugi, powiedział do niego: «Szymonie, synu Jana, czy miłujesz Mnie?» Odparł Mu: «Tak, Panie, Ty wiesz, że Cię kocham». Rzekł do niego: «Paś owce moje!». Powiedział mu po raz trzeci: «Szymonie, synu Jana, czy kochasz Mnie?» Zasmucił się Piotr, że mu po raz trzeci powiedział: «Czy kochasz Mnie?» I rzekł do Niego: «Panie, Ty wszystko wiesz, Ty wiesz, że Cię kocham». Rzekł do niego Jezus: «Paś owce moje! Zaprawdę, zaprawdę, powiadam ci: Gdy byłeś młodszy, opasywałeś się sam i chodziłeś, gdzie chciałeś. Ale gdy się zestarzejesz, wyciągniesz ręce swoje, a inny cię opasze i poprowadzi, dokąd nie chcesz». To powiedział, aby zaznaczyć, jaką śmiercią uwielbi Boga. A wypowiedziawszy to rzekł do niego: «Pójdź za Mną!»"

(J 21, 15-19)

Jezus: „Dziecię moje, pamiętaj, że powinnaś nie tylko pozwalać innym ludziom kochać ciebie, a wręcz – wywoływać miłość z ich serc. Miłość bowiem uzdrawia i wzmacnia duszę ludzką. Zanim przyszedłem do moich uczniów ponownie (w sposób opisany przez Jana), wcześniej ukazałem się im już dwukrotnie. Tym razem jednak nie przyszedłem do Apostołów, aby udowodnić im swoje Zmartwychwstanie, bo już w nie zdołali uwierzyć. Przyszedłem, aby moja Miłość w szczególny sposób przeniknęła głębiej do serc każdego z nich. Ukazałem się także w tym celu, by swoją Miłością uzdrowić Piotra. Otóż, kiedy zaparł się mnie przed świadkami podczas sądu, sam głęboko skaleczył swoje serce – zostało ono naprawdę zranione do głębi. A Ja najbardziej kochałem w Piotrze właśnie to jego szczere serce... Zawsze potrafił powiedzieć prawdę o tym, co w danej chwili czuł lub myślał. Był zarazem wrażliwy i otwarty. To właśnie dlatego został tak głęboko zraniony, kiedy zaparł się mnie przed innymi ludźmi – swoimi słowami zaparł się mnie przed samym sobą. Zamknął serce, odrzucając moją Miłość, która chciała go wtedy ogarnąć i umocnić. Gdyby tylko spojrzał w moje oczy i zwrócił się ku mej Miłości, zanim odpowiedział tamtej kobiecie – zaświadczyłyby o prawdzie. Jednak do tego potrzebował siły mojej Miłości. Bez niej przestraszył się i uległ swej słabości.

Droga duszo, powiedz ludziom, że bardzo umiłowałem Piotra... Ukaż im to poprzez przyjęcie jego odpowiedzi na moje pytania o Miłość – jako swoje własne. Ty także potrzebujesz uzdrowienia – moją Miłością – tych wszystkich chwil, gdy zraniłaś swoje serce przez grzech, zaparcie się lub nieposłuszeństwo. Dlatego, wraz z Piotrem, zadaję ci te same pytania. Proszę cię, abyś z każdą swoją odpowiedzią coraz szerzej otwierała swe serce, rozciągając je w miłości na przyjęcie Miłości ode mnie. Pytam i ciebie: „Czy miłujesz mnie?"... Proszę cię, dziecię moje, abyś w twierdzącej odpowiedzi swojego serca karmiła mój lud Miłością, którą Ja cię napełniam. Potrzebujesz mojej Miłości, aby zostać uzdrowiona; potrzebujesz mnie kochać, aby być cała.

Kiedy Piotr zobaczył mnie wtedy na brzegu jeziora i poznał, że to Ja jestem – nie czekał, aż łódź dopłynie, ale natychmiast wskoczył do wody, aby znaleźć się na brzegu jak najszybciej. Jego serce płonęło, aby kochać i zbliżyć się znów do Tego, którego sam się wyparł. A ponieważ wiele mu wybaczono (od naszych pierwszych spotkań Piotr był świadomy mojej przebaczającej Miłości, wyczytując ją w moim miłosiernym spojrzeniu), to był zdolny do wielkiej miłości. Jednak, w tamtym momencie na jeziorze, jego serce potrzebowało ode mnie czegoś więcej. To dlatego Piotr od razu pospieszył mi na spotkanie. W jego sercu było wielkie pragnienie do zaspokojenia oraz pytanie, którego on sam nie umiał wyartykułować. Dlatego zapytałem go, czy mnie miłuje. Piotr bowiem sam potrzebował usłyszeć swoją odpowiedź, ażeby jego miłość została ugruntowana poprzez własne słowa. I wtedy złożyłem mu obietnicę – obietnicę trudną do przyjęcia umysłem, a jednak głęboko radującą jego serce, które tak bardzo pragnęło mnie kochać. Obiecałem Piotrowi śmierć podobną do mojej oraz przyrzekłem mu, że dozwolę mu cierpieć i umrzeć z miłości do mnie. Ta rozmowa z Piotrem na brzegu jeziora uzdrowiła go i umocniła (poprzez moje słowa, jak i poruszenie Miłości mego Serca w nim), i uzdolniła do tego, by stał się przywódcą mego ludu. Nie zapytałem mojego Apostoła tylko o to, czy kocha, ale czy kocha bardziej niż inni. A skoro on pragnął Miłości w jej najgłębszej i najpełniejszej postaci, Ja dałem ją jego sercu.

A zatem, kiedy ludzie będą cię ranić, a potem tego żałować, i ty musisz starać się wydobywać miłość z ich serc. Powinnaś pozwolić, aby ludzie cię kochali, zwłaszcza ci, którzy są słabi lub zranieni w miłości oraz ci, którzy ciebie zranili. Gdy pozwolisz im kochać ciebie i przyjmiesz ich miłość jako odpowiedź na Miłość mojego serca w tobie, wtenczas moja Miłość popłynie z powrotem do nich, aby uzdrowić i wzmocnić ich miłość do mnie (oraz ich miłość do mnie w tobie). Nie tylko pozwalaj na miłość, ale wręcz wydobywaj ją od stworzeń – w prosty, cichy sposób. Mój Duch będzie cię w tym prowadził. Niech twoje rany będą widoczne i podatne na dalsze zranienia, tak aby ludzie mogli dotknąć je do samego dna i w ten sposób rozpalić swoją wiarę i miłość. Droga duszo, będziesz miała również za zadanie nauczyć ludzi miłości, pozwalając mi działać przez ciebie (tak samo bowiem czyniłem z Piotrem). Moja Miłość w tobie spotka się z innymi zranionymi sercami, czyniąc je silnymi i zdrowymi. Musisz pozwolić, aby miłość twoich bliźnich – która jest moją Miłością w nich – wylała się w pełni. Tylko kochając zostaną oni uzdrowieni oraz otworzą się na przyjęcie mojej Miłości do swego wnętrza.

Oto twoja dzisiejsza lekcja o Piotrze. Błogosławię cię moją Miłością – tą Miłością, która go wypróbowała oraz tą Miłością, która zwyciężyła i umocniła się w nim. „Fiat" – zawsze – wobec mego zamysłu i mojej woli. Amen."

XII

Litania Ufności

Najmiłosierniejsze Serce Jezusa
— ufam Tobie.
Krwi Jezusa
— ufam Tobie.
Ciało Jezusa
— ufam Tobie.
Dłonie Jezusa
— ufam Wam.
Stopy Jezusa
— ufam Wam.
Rany Jezusa
— ufam Wam.
Pamięci Jezusa
— ufam Tobie.
Duchu Jezusa
— ufam Tobie.
Słowo Jezusa
— ufam Tobie.
Jezu najpokorniejszy

Z ciemności…

    – ufam Tobie.
Jezu najłagodniejszy
    – ufam Tobie.
Jezu, mój Oblubieńcze
    – ufam Tobie.
Jezu, urodzony w stajni
    – ufam Tobie.
Jezu, mały Męczenniku
    – ufam Tobie.
Jezu, posłuszne Dziecię
    – ufam Tobie.
Jezu w Eucharystii
    – ufam Tobie.
Jezu, samotny w Ogrodzie
    – ufam Tobie.
Jezu, ubiczowany i opuszczony
    – ufam Tobie.
Jezu, wyszydzony i cierniem ukoronowany
    – ufam Tobie.
Jezu, znienawidzony i nierozumiany
    – ufam Tobie.
Jezu, dźwigający Krzyż
    – ufam Tobie.
Jezu, ufający Ojcu
    – ufam Tobie.
Jezu, Miłości Ukrzyżowana
    – ufam Tobie.

Litania Ufności

Jezu, pijący kielich Ojca
- ufam Tobie.
Jezu Zmartwychwstały
- ufam Tobie.
Jezu, posyłający swego Ducha
- ufam Tobie.
Jezu, będący zawsze ze mną
- ufam Tobie.
Jezu, zawsze wierny
- ufam Tobie.
Jezu, zawsze pełen nadziei
- ufam Tobie.
Jezu, zawsze przebaczający
- ufam Tobie.
Jezu, zawsze ufający
- ufam Tobie.
Jezu, moja siło
- ufam Tobie.
Jezu, zaśpiewaj mi
- ufam Tobie.
Jezu, uspokój mnie
- ufam Tobie.
Jezu, bądź moją ciszą
- ufam Tobie.
Jezu, bądź moim pokojem
- ufam Tobie.
Jezu, bądź moim światłem

Z ciemności…

    – ufam Tobie.
Jezu, bądź moim przewodnikiem
    – ufam Tobie.
Jezu, bądź moim Wszystkim
    – ufam Tobie.
Jezu, bądź moją Miłością
    – ufam Tobie.
Jezu, mój Umiłowany
    – ufam Tobie.
Jezu, Jezu, Jezu
    – ufam Tobie.
Jezu, Jezu, Jezu
    – ufam Tobie.
Jezu, Jezu, Jezu
    – ufam Tobie.
Jezu, pomóż mi wypowiadać "fiat"
    – ufam Tobie.
Jezu, zabierz mój lęk
    – ufam Tobie.
Jezu, uczyń wszystko we mnie
    – ufam Tobie.
Jezu, odpocznij we mnie
    – ufam Tobie.
Jezu, pomóż mi usnąć w Tobie
    – ufam Tobie.

Litania Ufności

Panie Jezu, proszę obdarz mnie duchem „fiat" oraz swoim pokojem, miłością, radością, ufnością, siłą, mądrością, pokorą i odwagą – które potrzebuję, aby cierpieć razem z Tobą. Amen.

Świadectwa

„Nagość fizyczna i duchowa to głęboka rzeczywistość obecna w słowach Mary Kloska. Jezus jest całkowicie obnażony wobec zła minionych pokoleń oraz wobec tych, które jeszcze się nie narodziły. Ta książka zawiera wezwanie i zaproszenie do ujawnienia naszej duchowej nagości oraz do trwania razem z Chrystusem w Jego podróży do celu, jakim jest wola Ojca. To prawda, że z grobu ostatecznie wyjdzie światło, ale najpierw musimy wejść w ciemność."

Diakon Tom Fox, katolicki „podcaster" i prowadzący w katolickim radiu

„Mary Kloska namalowała jeszcze jedną cudowną ikonę, będącą swoistym „tytułem" tej książki. W jej wstępie znajdziemy dokładne objaśnienie tego obrazu, który przedstawia miłość Chrystusa jako łagodną, pokorną i silną. Mimo, iż Jezus jest ukrzyżowany i cały we krwi, Mary udowadnia nam, że Zbawiciel panuje nad sytuacją. Spogląda przed siebie. Wydaje się, że patrzy bezpośrednio w oczy każdej osoby, która żyła w przeszłości, żyje obecnie lub dopiero się narodzi. Patrzy w oczy dzieci abortowanych i poronionych. Zna ich potrzebę zbawienia i poświęca samego siebie. Na tej ikonie moc Zbawiciela jest nawet bardziej widoczna (w spojrzeniu i akcie ofiarowania się) niż Jego

ukrzyżowana słabość. Niezwykła głębia przenika strony książki i angażuje czytelnika, zapraszając go do kontemplacji, a zniechęcając do pośpiechu w czytaniu. Każde zdanie woła o uwagę, a każdy przywołany obraz – o refleksję. Kolejne rozdziały opierają się na poprzednich w sposób, który jest celowy i przemyślany, mający na celu doprowadzenie czytelnika do duchowego poznania."
Dr Cynthia Toolin-Wilson, prowadząca audycję „Author to Author"" w radiu WCAT

„Ten rękopis dotknął głęboko moje życie duchowe... a człowiekowi 82-letniemu bardzo trudno jest nauczyć się czegoś nowego... To naprawdę przemieniło moją duchowość."
Ronda Chervin, autorka książki „Always a New Beginning: A Conversation Between Broken Catholic Spiritual Warriors"

„Kiedy święty Paweł udał się do Koryntu i rozpoczął tam głoszenie Dobrej Nowiny, oznajmił swoim słuchaczom, że nie przybył, aby dzielić się mądrością tego świata czy wzniosłą retoryką, lecz jedynie prostą, ewangeliczną prawdą o Jezusie Chrystusie, i to... „ukrzyżowanym" (1 Kor 2, 1-2). W swojej nowej książce „Z ciemności" autorka, artystka i muzyk – Mary Kloska – podąża tą samą doniosłą drogą. Niestety, z powodu hedonistycznego środowiska kulturowego, które dominuje w naszym społeczeństwie, kroczenie za Jezusem Ukrzyżowanym jest wędrówką raczej samotną. Nawet w tych nielicznych miejscach, gdzie chrześcijaństwo jest nadal praktykowane, nacisk na krzyż jest zauważalnie zmniejszony, jeśli nie wręcz nieobecny (a zastąpiony tzw. „ewangelią dobrobytu"). Zatem, trudno wyobrazić sobie bardziej aktualny traktat duchowy niż ten. Autorka zabiera czytelnika w głąb piękna, tajemnicy, mądrości i mocy Jezusa ukrzyżowanego poprzez duchowe spostrzeżenia i obserwacje, które są świeże, inspirujące i cudownie ożywiające dla ducha. Jak deszcz na pustyni, książka ta wkracza w „duchową pustkę" naszych czasów i, co za tym idzie, niewątpliwie stanie się ważną lekturą wielkopostną, a także punktem odniesienia dla Nowej Ewangelizacji."

O. Lawrence Edward Tucker, SOLT, autor „The Prayer of Jesus Crucified: A Simple Way to Go Further in Prayer"; „Adventures in The Father's Joy! Mission Stories for the New Evangelization"; „To Whom The Heart Decided To Love"; „The Redemption Of San Isidro: a Tale of Mercy and Love"

„Ta książka jest darem dla każdego, kto będzie ją czytał, ponieważ pokazuje nam, jak – według słów Jezusa skierowanych do Mary – «możemy stać się do głębi jednością» z Nim na Krzyżu."

s. Patrizia Pasquini, ASC, siostra ze Zgromadzenia Najdroższej Krwi Chrystusa

www.ingramcontent.com/pod-product-compliance
Lightning Source LLC
Chambersburg PA
CBHW071703090426
42738CB00009B/1637